JN077021

上野千鶴子×宮台真司
角田由紀子　藤井誠二　川畑智子　鬼塚・チェイス・円

【新版】買売春解体新書

近代の性規範からいかに抜け出すか

SEXUAL RIGHTS PROJECT【編】

柘植書房新社

出版にあたって

この本は、SEXUAL RIGHTS PROJECT が大阪府からジャンプ助成金を受け、一九九七年に企画・主催した連続セミナー「風俗産業を考える」の講演内容をまとめたものです。SEXUAL RIGHTS PROJECT の前身は、シスターフッドの会といいます。私たちの出発点は、「女性学年報」（日本女性学研究会発行）の第16号（一九九五年）が「私たちのセクシュアリティ　―いま、〈女〉であること―」を特集した時に、その巻頭にシスターフッドの会として発表した「座談会『ふしだら』という烙印の正体　―売春防止法は誰のためのもの？―」にあります。そこで問題となったのは、売春防止法が、不特定の男を相手にお金と引き替えにセックスする女性に対して、社会的な制裁として機能していること、そして、それは、「売春婦ではない」女性として存在する娘や妻の性行動をコントロールする機能も同時に兼ねていることでした。

売春防止法は、売春はいけないといいながら、男性の性行動には関与せず、常に女性の性行動のみを規制しています。売春防止法は女性にはなんのメリットもないということで意見は一致しましたが、では、売春自体をどう考えるかとなると意見はわかれました。また、議論の中で、女性の側にも、「性を売る」女性への差別意識があることが自覚できました。また、きました。

売春を認めれば男社会の思うつぼであるという危機意識も売春反対の主な理由として出て

Ⅱ部は、座談会を通して出てきた売春女性への差別、労働としての売春、発展途上国における売春、そして子どもの売春という四つのテーマについて、より多くの人に私たちの問題意識を伝え、議論をしたいという意図のもとに計画したものです。

講師として招いた人々は、セミナーを企画した私たち自身が一番、話を聞きたいと思った人々です。皆さん、快く引き受けてくださいました。この本を通して、私たちの問題意識が一人でも多くの人に伝わり、議論を深めるきっかけになればと思っています。

SEXUAL RIGHTS PROJECT

新版　買売春解体新書／目次

I部　上野千鶴子 × 宮台真司

I部　上野千鶴子×宮台真司

（対談）援助交際は売春か？

売春観とセックス観の変容

東京発「援助交際」

上野：こんにちは。

宮台：こんにちは。

上野：しばらく日本にいなかったもので、いったい何が起きているのかわからないのですが、援助交際という言葉を聞いたときに、うまいこと名付けるもんやなぁと感心しました。

宮台：ええ、ただね、歴史は古いんですね。援助交際って。

上野：援助交際について日本で一番よく知っている人、この人をおいて他にこの道のスペシャリストはいないというのが宮台さんです。え〜オスペのほうじゃありませんが。援助交際っていったい何がどうなっているのか、教えていただけますか。

宮台：皆さんの関心は援助交際と売春が同じか、違うかということにあると思うんです。売春を含みますがより広い概念ですね。どうしてそういう概念になったのかというと、もともとは「愛人交際誌」や「夫婦交換誌」が、特に九〇年代いくつか出まして、長期的愛人契約のことを援助交際というようになって、筒見待子が「夕暮れ族」という愛人バンクのオーナーというか、本当は経営者じゃないんですが、店の番人みたいなことをやってて捕まったときに援助交際という言葉が一回広まって知られているんですね。

そのあとみんな忘れたんですが、実は、テレクラで九〇年代に素人が売春するようになったんですね。その時に特に高校生を中心に一回こっきりの買売春のことを援助交際と言うようになりました。

上野：あのそれね、オヤジの側が使い始めたんですか、それともギャルの側が使い始めたんですか？

宮台：これは女の子にいろいろ聞いたら、女の子はウリ・売春って言ってるんですよ。ただ、昔はテレクラで「お小遣いをくれる人」と言ってたんですが、あいまいさが強すぎる、「売春をしてくれる人」はどぎつすぎるので、オヤジが抵抗感ない言葉ということで援助交際になったんですよ。

上野：足長おじさんや。どこが長いのか知らんけど。

宮台：だから、オヤジに対する思いやりの言葉だそうですね。（笑）

上野：じゃあ、オヤジの罪悪感を取り除いてあげるために女の子の方から先に使い始めたんですね。

宮台：そうですね。ところがまたそれと別のルーツで九三年のブルセラショップ閉鎖の煽りで、九四年にデートクラブがばあーっとできるんですね、東京中心に。デートクラブではセックスする子は当時あんまりいなくって、当時は八割九割の子はお金を貰って、お食事したり、ショッピングしたりして、それを援助交際と呼ぶ新しい用法が始まったんですね。ところが、九四年のデートクラブの隆盛は一年しか続かなくて、つぶされたんですね、警察に。女の子も男の人も街に出てお客を拾うようになったんですね。その結果、街で男に声を掛けたり掛けられたり、テレクラで捜したり捜されたりする場合に、テレクラルーツでやっている子は、援助交際は売春のことだと思っているし、デートクラブルーツの子は援助交際は売春を含まないものだと思っている二つの用法が混在しています。

上野：わかりました。テレクラについて今日はしゃべらないとおっしゃいましたけども…

宮台：しゃべってもいいんですが…

上野：皆さんご存じでしょ、いまさら説明しなくても。会場の皆さん方にいままでご利用になったことがある方はお手をお上げくださいと、おもわずお聞きしたいくらいなんですが。

宮台：高校生の利用率は二割とか三割とかデータがでていますが、あんなの大嘘ですよ。教室内記入で正しいデータが出るわけないですよ。基本的には女の子をいろいろ集めて聞くと、ストリート系は街を歩いている子は一〇〇人いれば一〇〇人、一〇〇パーセントの経験率ですわ。

上野：私はかならず貰えますもの。ティッシュペーパー貰えないとね「あぁ、私はマーケットから外されたか」と思ったりしてね。

宮台：そりゃそうですね。わかります、それは。（笑）

上野：そうですか。わかって下さってありがとう。

宮台：家の母親も同じこと言うてますから。

上野：ああ、そうですか。私は、宮台さんのお母さんの世代と違うと思うんやけどなぁ。（笑）

宮台：「うちも貰えるわ」みたいな感じにね。プライドみたいですね。

上野：援交といっても、地域差とか階級差があると思うんやけども。オヤジがギャルと一緒にご飯食べて、ショッピングしてお小遣いあげて足長おじさんをして、そんな品のいいオヤジがどこにおんのかいなぁ。少なくとも大阪にはおらんやろう、と思ったりするんですが。どうもこれは首都圏メトロポリタン、この人は東京メトロポリタン・ユニバーシティの先生なんですよね。（笑）メトロな状況なんじゃないかな。これ大阪に持ってきたら、どないなるんやろと思ってますねんけど。

宮台：まぁ無理でしょう。大阪、阿倍野はノーパンシャブシャブのルーツで最近は大蔵官僚まで巻き込んでいるんでしょ。こういうとこでは、「まどろっこしいことには金払えるか」ってとこでしょ。

上野：そうでしょう。大阪は本番まな板ショーの発祥地で、ノーパンシャブシャブの発祥地ですから、そんなかったるいことやっているかいなと思う。

宮台：そぉ、東京ローカルと言っていい部分が大きいでしょうね。

「結婚するまで処女で」という近代的規範

上野：ほんとにそうですね。その東京で、なんでギャルにそんな特別な価値が発生するのか。ちょっとそのへん解説して下さいません？

宮台：もともとテレクラができたのは十二年前でしょう。九三年にブルセラが話題になるまでは、テレクラ売春の本場は東京ではなくて、地方だったんですよ。

上野：地方って、どのくらい地方です？

宮台：もう北も南も。北海道、長崎、福岡、なんでもいいんですが、田舎の女子高校生たちは売春をしている。

上野：昔からありますがな、そんなもん。

宮台：「東京の子たちは、テレクラかけていても売春はしない子が多いなぁ」とよくマニアの間で言われていました。

上野：え、東京には身持ちの固い女が多いの？　不思議ですねぇ。どうしてでしょう。

宮台：だから、もうおわかりも知れませんが、昔は性が低年齢化すると都市化とか近代化の煽りで伝統的規範が弛緩したんだと、勘違いされるけど。でもね、上野先生が昔書いた本でね…

上野：あ、急に先生が出ましたね。

宮台：「家の親は封建的だから厳しいんです」という生徒に対して、「家の親は近代的なんで厳しいんです」と言い直して…

上野：ちょっと正確に言い直していいですか。「私の親は封建的なので、結婚までは処女でと教えられました」という方がいらしたんですよ。私はね「すみませんが、ちょっと言い変えていただけませんか。家の親は近代的なので結婚までは処女でと教えられました」と。前近代って、日本ではほんの半世紀前のことですよね。処女で結婚するなんて「アホか」ってなもんです。

宮台：四世代前はぜんぜん違ってたんですよ。

上野：四世代もかかっていないのと違いますか？

宮台：そうですね。ぼくが朝日カルチャーセンターで売春の講義をしていたとき、売春に関する抵抗感が一番強いのが、五十を挟んで二〜三十年、つまり、四十代〜七十代なんですね。

上野：戦後民主主義世代や。建て前で生きてきた世代だね。

宮台：そうです。よくおわかりのように、明治三二年高等女学校令ができて、良妻賢母教育を公教育でやるようになるんですけど、これは当初女学校に通っていたのは都市部のしかも上層に限られていたので、まったくローカルな規範にすぎなかったんですね。でもこれが戦後一般化しますよね。途中飛ばしますけど、専業主婦が明治後期、大正時代に一部上層で発生して、戦後に一般化するのとまったく同じ構造で、その構造のなかで処女性が大事だと本気で信じてしまうようになった。それも同じ戦後だとしても都市部なんですよ。都市部でつまり学校教育の成果が本気で信じられたんですけども…。これが田舎に行くと、いろんなところを取材しましたけれども、五十〜六十代の田舎出身の人は夜這いとか無礼講とか自分も経験しているし、自分の先輩のお兄ちゃんとかおやじとか知ってて。ただ九州とかに行くとね、九州とかは結構最近まで続いていましたから、みんな知っているんです。

上野：一九五〇年代までは普通に残っていましたね。

宮台：残ってましたね。

上野：一九六〇年代の高度成長期に最終的に解体した。まだ記憶に残っている人はいっぱいいますね。

宮台：最近は、東京の地方化と思っているんですが、東京も地方と同じくらいに性も低年齢化しましたし、女の子も処女幻想を捨て去っているんですよ。その結果、地方売春に参入する子も都市並みに増えて、その結果売春価格も地方都市並みに下がったんですよね。

上野：価格が下がったということを宮台さんは非常に的確な言い方してらしたんですけども、適正価格になった、と。

宮台：なりましたね。

ブルセラ少女の登場

上野：ちょっと昔に戻ります。ブルセラにいきますが、ブルマーとパンツの略のことですね。

宮台：そうですね。

上野：パンツ、すなわち使用済みパンツのことです。最初はブルマーとセーラー服だったのがパンツにいったんでしょ。

宮台：ウ〜ン。ブルセラショップは最初からパンツでしたね。

上野：あぁ、ほんとに。使用済みパンツが売れるんだったら、私のかて売れるやろとだれでも思いますやん。

宮台：最初生パンツを売るって通販でやっていて、その供給源は主婦だったんですね。業者が主婦を何人か抱えてて、女子高生パンツということで、そのシミがついたパンツを売ってたんですね。ところが、ぼくは業者の取材もしたんですが、面白いことに、九二年ぐらいに急に女の子から問い合わせが増えて……。

上野：女の子っていくつぐらい？

宮台：高校生ぐらいの女の子から。広告みて「パンツ売ってるんですよね。私のパンツ買ってくれるんでしょうか？」みたいな問い合わせがきて……。

上野：向こうから売り込みをしてきた。

宮台：う〜ん、そうですね。

上野：お母ちゃんから教わったんやろか？

宮台：どうなんでしょうね。それで供給者が突如大量に現れた。それでモノホンの、本物の女子高校生のパンツを九二〜三年頃にちゃんと売れるようになった。

上野：その時に、主婦のパンツより十代の女の子のパンツのほうが市場価格が高くつくでしょ。

宮台：いや、主婦のパンツなんてのは売ってません。ですから昔も、女子高生の生パンツって売っていたんだけど、主婦のパンツを女子高生のパンツというパッケージで売っていた。

上野：あ、そう。じゃあ、パッケージを女子高生に替えると市場価格が上がるの？

宮台：それは当然のことですね。

上野：どうしてですか？

宮台：わかりやすく言うと、女子高生という言葉を聞いただけで勃起する一群の世代の男の人がいるんですね。

上野：そこが知りたい。

宮台：（笑）そうやね。あのね、適正価格を説明しますと、地方都市の場合は長いこと売春価格は、だいたい二万円ぐらいから以下なんです。素人がやる場合。

上野：イチゴーぐらいなもんでしょ。

宮台：イチゴーぐらいですね。ただその場合重要なことは、主婦がやっても、ＯＬがやっても、学生がやっても、高校生がやっても一万五千円で、女子高生だから特にどうということではないですよ。女子高生と特にやりたいなんて欲求も特に高いわけではないです、地方の男取材しましたが。東京は違って、九四年が売春価格のピーク時なんですが、女子中学生が六万〜五万円。女子高生が四万円、女子大学生が三万円、主婦二万円だったんです。

東京だけなんです、これがあったのは。

ブルセラ・オヤジの分析

上野：その謎を解いてもらいたいと思うんだけどね。ブルセラ少女という言葉があって、ブルセラ・オヤジと言う言葉がない。援交少女があって、援交オヤジという言葉がない。日本でこの分野の最高峰（笑）、フィールド・ワーカーとしてトップ・ランナーと思われる宮台さんが、なんでね、ブルセラ・オヤジの取材をなさらないのか。

宮台：いや〜、しまくっているんですが。雑誌にはオヤジ分析を書いているんですが、まだ本にはまとまっていません。

上野：ああそうですか。私はねぇ、やっぱり、男心は男でなくちゃ、オヤジの謎はオヤジに解いてもらわなければ……ごめんなさいね、オヤジ扱いして。

宮台：いや。

上野：だってね、男ってわからないんだもの。なんで女子高生と聞いたら勃起するの。お願い教えて。

宮台：はいはい。世代を分けます。まずね、老オヤジと若オヤジに分けます。（笑）

上野：いよいよ始まりです。

宮台：九四年まで女子高生は高かったんです、東京近郊では。この時代に女子高生を買っていたのはだいたい四十代前後なんですよ。

上野：今の団塊世代ですか。

宮台：主に今の団塊前後ですね。ほんと払える金持ってないと、四万とか五万とか払えませんから。

上野：だって、彼らのお小遣いって月十万いきませんでしょ。六万払うってたいへんなことですよ。

宮台：この頃の老オヤジというのは、中壮年ですから。この人たちっていうのは普通の人なんですよ。フェチでもロリコンでもない普通の人が、女子高生っていいなあ、興味あるなぁ。これは簡単に言うと、戦後の四七年文部省通達の純潔教育で戦前の良妻賢母教育を引き継ぎましょうということなんですが、これをちゃんと受けてきた。

上野：サユリストや、もと。小百合ちゃんのブルセラ姿にあこがれた世代。

宮台：簡単に言えば。（笑）だから高校生を大塚英志君的に言えば、性交を禁じられた身体と思い込んでしまった。

上野：もうちょっと正確に言って下さい。大塚さんは、少女っていうのを実に明快に定義していまして、「使用禁止の身体の持ち主」て言っているんですね。第二次性徴期に達していて、メンスもあれば、妊娠もできる。使用可能であるにもかかわらず、使用を禁止されている身体の持ち主。前近代って、日本ではわずか半世紀前ですが、近代以前に少女の身体を使用禁止にした歴史って、日本にはないんです。

宮台：まったくないですね。ほんとうに商家上層とか武家とかに政略結婚とかのからみでセックスしなかったことがあると思うんだけど。

上野：いや、それも神話かもしれないと、私、江戸時代の研究をしてつくづく思っております。

宮台：そうですか。そういうオヤジなんですよ。最近の女子高生ってエッチじゃないか、許さんと言いながら、勃起しているオヤジですね。簡単に言えば。（笑）

オナニー・マスターベーション・メディア

上野：ええ、それが老オヤジ。それで若オヤジは？

宮台：女子高生に言わせると、老オヤジというのは普通だったって言うんですね。ところが、若オヤジというのは、九四年十一月以降からの売春価格が下落してから増えてくるそうです。二十代、三十代の男ですが。

上野：二十代からオヤジですか。じゃあ、宮台さんもオヤジですね。（笑）

宮台：完全オヤジですよ。だって、「おじさん」って言われますもの。ちきしょうって思いますけど。

上野：おとうちゃんって言われないだけ、ましや。（笑）

宮台：ものすごい変態が増えましたと言います。悪い意味じゃあないですよ。例えばカラオケに行きますよね。そうするとタッパーをおもむろに出してきて、「ウンコを入れてきてくれないかな」とか、それこそ映画「ラブ＆ポップ」じゃないですけども「ここによだれ入れてくれない」とか、「『女子高生買ってんじゃねえよ』と言いながら蹴ってくれないかなぁ」と床に横になる男とか、まあ、ようはよくわかりませんなぁっていう感じですね。

上野：値段が下がった上に、そんなサービス要求されるんですか？

宮台：でもね、女の子たちは、僕、不思議だなと思うんですが、みんなやってあげるんですね。

上野：やさしいから？

宮台：やさしさもあるし。二つ大きな理由は、二人組で若オヤジを相手にするケースが多いんで、安心感もあるし、なんかおもしろがっているっていうのもあるんですよね。要点だけ言いますと、買う側の動機は、老オヤジは純潔教育からくる女子高生幻想つまり性的なのに性的でないという二重性で、思わず勃起してしまうという健全な精神の持ち主。あるいは逆に言えば、健全な精神を持っているがゆえに、純潔教育の犠牲者になった哀れな老オヤジというイメージですね。三十代以下はちょっと違います。僕の本で書きましたが、日本のいわゆるオナニー・マスターベーション・メディアの多様化は一九七〇年ぐらいから始まります。僕はいま三十八歳で、一九七一年に中学に入りましたが、この頃からいわゆる抜けるメディアというのがたくさん出てくるんですね。ぼくらの同世代以降っていわゆるオナニストってたくさんいます。

オナニストっていうのは簡単に言うと生身のセックスよりもオナニーの方がはるかに良い。良いって言うのはいろんな意味で良いんですね。自由だ、自分の妄想に耽れる。楽だ、リラックスできる。オナニスト、めっちゃくちゃ増えます。ほんとに、いろいろみてわかるんですけども、一九六〇年代以前に青春期だった人は、メディアで抜くっていうことほとんどないんですよ。

上野：う～ん、なるほど。ＡＶメディアのスキルの現実への逆輸入ね。上野ゼミの学生が「アダルトビデオの社会史」っていう卒論を書いたんですが、これ、なかなか賢い手でね。どうしてかって言うと、日本でアダルトビデオが初めて登場したのが一九七〇年なんですよ。だから社会史なんて堂々とタイトル付けながら、わずか七〇年から二十五年間の歴史を書けば社会史ができちゃうんです。ところで顔射って…ここにいる皆さんはどのぐらい隠語が通じるのかな？

宮台：顔射ってわかります？　顔面射精の略なんですが、はい。

上野：顔面射精みたいな高等テクニックを、まずＡＶで学んでから実行に移すみたいな逆輸入が始まった。それが若オヤジ。なるほどね。今日の話は世代論に近くなると予想していました。若オヤジにいく前に、まず老オヤジからいきましょう。私の同世代ですから。（笑）女子高生と聞いたら勃起してしまう健全な性欲っておっしゃいますが、私がやっぱりわからないのはね、だってあなた、十代のギャルなんて大味でしょうが。熟女のほうが良いに決まってる。サルの世界だって、ボスザルは熟れたメスザルしか相手にしないですよ。若ザルだとか、処女ザルなんてのは大味、生娘なんてのはそんなもんですよ。手も出さない、鼻もひっかけないっていうのが、ほんとにセックスのスキルがある人がやることなのに。なんで、そっちのほうが市場価格が高いのかがわからない。

宮台：それは単純な話で。いまね、老オヤジって減ってるんですよ。それは精力が減退したからではなくて、買うタイプの人はもう買ったんですね。で、簡単に言えば、タブーは性的欲望の強度を高めますから、女子高生はセックスしたらいかんやろと思っているときに、一、二回セックスするとこうパーッと興奮するんですけども、何回もやっていると日常化しちゃうんですね。

上野：限界効用逓減の法則だ。

宮台：そう。簡単に言えば、女子高生はエッチするもんだみたいに。

上野：まあ一、二回だったら、ものめずらしさで。

宮台：そう。おっしゃる通りです。単純なことです。ほんとに。

上野：やってみたら…

宮台：そう。たいしたことなかった。僕らなんかですと、僕はまあいろんなメディアに出ていますからわかるように、僕は人妻が好きだったんです、学生時代。

上野：それはそうですわ。目が高いわ、さすが。チンチンが高いと言うべきか。

宮台：僕が人妻好きになるまでは、試行錯誤いろんな女の子とセックスしてましたけども。いろいろ考えて、僕は言葉攻めが好きなのでセックスの最中に「こんなことやっていいのか」とか（笑）、だって女子高校生に「こんなことしていいのか」って言ったって、やっていいと思ってるんだもの、全然。

上野：やっていいのかって、やっていけないと思っている相手を相手にしていたのですか？

宮台：やっていけないと思っているんじゃなくて、当人がこんなことをしていちゃいけないと思っていると。

上野：それって、ゲームのルールを共有していた訳じゃないですか。タブーを犯す、相手は人妻、結婚している、夫に知られたらヤバイみたいな（笑）結構古いゲームだね。あんたの場合。（笑）

宮台：古いゲームです。（笑）あのね、僕ね、三十八歳ですよ。

上野：あ、そう。

宮台：古いですよ。僕みたいなやつ…

上野：私の方が若そうだよ。私そんなバカバカしいゲームやらないもの。つまんないもの、それじゃあ濡れない。

宮台：いまはそれはないですよ。十年ぐらい前に、僕が二十五歳から二十八歳ぐらいまでの間にすごくハマっていたんですよ。

上野：あ、そう。そういうご家庭でお育ちになったの。（笑）家庭環境でご苦労なさったのかしら？

宮台：いや〜。老オヤジは健全だと思います。つまり、禁じられていたら、禁じられたタブーに興奮が高まるというのは誰でもあることだから。たまたま女子高生が禁じられていたから…

買春カルチャーという接待メニュー

上野：老オヤジと呼ばれる戦後民主主義世代の人たちの売春観を考えてみると、やっぱり、売春防止法成立の以前と以後では、そうとう売春観とセックス観が変わっていると思うんですよね。

宮台：うん。

上野：老オヤジに関しては、金出してまでセックスしなくちゃならないのは性的弱者っていうのがあったと思うんですよ。つまり、金出さなくてもいくらでもできるんだから、もてる男は金出さずにできる。金まで出すのはつまり、あんたはもてない男というスティグマが貼りついていたと思うんですが。これはどうですか？

宮台：それがね、実はね上野さん、逆なんですよ。

上野：あ、そうですか。私のサンプルと違うのかな。

宮台：どういうことかといろいろ考えてみると、老オヤジは企業社会で買春文化に完全に染まっている人が多いですから、それは会社に入って日本の企業共同体文化に同化するまでは、純潔的教育的買春観念があったかもしれないですが、僕も十五年ぐらい前に学生企業をやった時に、どこに出張しても「女どうしますか？」と言われるので、ああそうかこれが日本の買春カルチャーか…

上野：あなたの世代でも女がご接待メニューに入ってましたか？

宮台：入ってました。女、必ず。

上野：はあ〜。

宮台：で逆に、僕らが地方から人呼ぶときにね、一応「女どうしますか？」って聞かないと礼儀に反するみたいな…

上野：私のサンプルでは違うのかもしれませんが、私たちの世代、つまり老オヤジと老オバサンの世代っていうのは、女の側で不倫・金妻の流れが怒濤のごとく進んでいった世代なんですよ。その気になれば金を出さずに女が手に入る。

宮台：そうなんですよ。矛盾しないんですよ。不況になってはっきりしたと思うのは、日本のソープランドに代表される買春カルチャーっていうのは接待文化なんですよ。だから、スキルさえあれば女とセックスできたって、一応接待で女がつくんですよ。

上野：う〜ん。ただね、性豪、性の豪傑って言いますよね、吉原百人切りとかね。性豪文化の意味が売春防止法以前と以後で大きく変わった。おれは生涯にどれだけやったたっていうのは、それ以前は金出してどれだけやった、金力の誇示、金力とチン力がイコールだった時代だったんですが。

宮台：おっしゃる通りですね。

上野：一応建て前として、戦後市民社会的性倫理ができると、金力で買ったって自慢にならない。

宮台：うん、普通カウントしませんね。

上野：ですよね。だから少なくともあなたがたの世代では女を何人買ったって、自慢するのはダッセーことになっているんじゃないですか？

宮台：そうですね、だれもいませんね、そんなの一人もいないです。

上野：そうでしょ。そんなの告白するのは、自分がここまでしなければだれにももてない性的弱者ってことを、告白することになってません？

宮台：年齢が下になればなるほど、買うことは性的弱者だっていうイメージは、女性にも広がっているし、つまり売る女性、高校生にも「買う人は、買わなければできない人なんだよね。特に若い人はみんなそうだよ」っていう感じですよね。

上野：その性的弱者っていうのは、戦後民主主義世代からそういうコードが成り立ってきたと私は思っているんだけども。

宮台：まあ、そうです。それをわかりやすく言えば、セックスをコミュニケーションであるものだとは考えてなかったんだもの、男は。ゲタを履いて、つまり接待カルチャーもゲタでしょ、三高じゃないですけども、地位と名誉があればできるとか。要するに、金じゃない力を使うっていったって、素と素のコミュニケーションの快楽を与える技量ではないですもの。それをずーっとゲタを履いてやったんですもの。だからそういうことになりがちです。ところが、最近の若い子になればなるほどゲタ履けないんですよ。もちろん金力なんてのもバカにされてるし、女の子は素のコミュニケーションを見極める力があるわけね。例えば、援助交際している子は、援交オヤジの九割はいつも自慢ばっかりするバカだよね、って言うんですよ。知らない女に仕事の自慢をする。

上野：祇園のホステスも同じこと言うてはりますわ。（笑）それが女の生きる道だからねぇ。オヤジから自慢話を聞いて、オヤジのふところからゼニを稼ぐ。

宮台：うん。でもいま中学生、高校生の子は、「オヤジかわいそうやね、ああやって生きてるんやね」って言ってるんですよ。だからそれくらい見抜かれているんですよ。

ブルセラ・オヤジ、援交オヤジは何者か

上野：ブルセラ・オヤジとか援交オヤジって何者なのか。つまりね、ブルセラ少女や援交少女はそんなに特殊な女の子じゃなかろうと、そうするとオヤジの変化のほうが私にとっては興味があるんですよ。そっちのほうをちゃんとフィールドしてほしいと思っているんだけど。女とセックスをするルートはいくつもありますよね。タダでやるとか、売春産業だって女子高生よりもっと大きなマーケットがありますよね、歌舞伎町行ったってどこだって。そういうところに行かずにあえて女子高生を相手にするのは、どういう男で、男のどういう問題を表現しているのかと、この謎を解いてもらいたい。（笑）

宮台：すばらしい質問ですね。わかりました。さっきね、僕らより下の世代はオナニストが多くなると言いましたね。オナニストが多くなること自体は女性にはあまり目につかないことなんですよ。そういうメディアが増えたなというぐらいで観察可能なんですけども。オナニーはある意味で人畜無害ですわ、自分でメディア見ながらやっているんですから。ところが新宿ニュー風俗ってのが八一年に、ノーパン喫茶これも大阪阿倍野が発祥なんで

すけども（笑）

上野：さすが大阪。

宮台：ノーパン喫茶、覗き部屋、大ブレーク…その後、ガーッと新宿歌舞伎町にニュー風俗が出た時に、突如性的メニューの多様化が起こる。その時の重要なのが、顧客が僕ら世代、二十代。ニュー風俗はメッチャ安かったんですね。

上野：なんぼです？

宮台：たとえば八千円ぐらい出したらノーパン喫茶行けました。めちゃ安かったんです。

上野：二十歳のガキに、八千円は安くないでしょ。

宮台：いや〜〜〜（笑）。まあいいんですが。ようするに若い人たちに風俗産業の道が開かれたっていうのは、安いってことと、もうひとつ山本晋也の「まじめな社会学」ってワクが「トゥナイト」でやって、新宿のニュー風俗を毎日毎日紹介したんですね。お茶の間に「病気！」って言葉をはやらしましたけど、女の子の乳しゃぶりしたりとか、女の子に舐められながら、「ほとんど病気！」とか言ってやってましたよね。あれでめちゃ敷居が下がった結果、やっぱり男に関して言うと、自分のオナニズム的な妄想を印刷のメディアで、映像メディアを使ってやっていたのが、現実のサービスで提供してくれるものが出てきたんですよ、あのころから。それがいまでもまったく収ってなくって、それまでは単にメディア使ってやっていた多様化したオナニズム的妄想を、金を出して買えるようになった、生身の女の子を使って。

上野：いまの説はバーチャル・リアリティをリアリティの側が追っかけてると考えていいですか？

宮台：考えていいです。

上野：いまの説、あぶない説ですよ。

宮台：いえ、あぶなくないですよ。生身の女を相手にするのと、メディアの世界の女を相手にするのとの決定的違いは、性的な嗜好が淘汰されないんですよ。つまりオナニー市場はフェチの奴が多いから必ずフェチ・メディアが出てくるし、熟女マニアがいたら熟女メディアが出てくるんですね。よだれマニアがいたらよだれメディアが出てくる、ウンコマニアがいたらウンコ・メディアが出てくる。全部ニーズに応じて必ずメディアが出てきますから、絶対に淘汰されないんですね。メディアと向き合ってオナニズムの世界に耽っていたら、一生それでやっていけるんですよ。ところが、性風俗産業がそれを市場だと考えたから、ウンコプレイとか、アナルプレイとか、よだれプレイとかお客の要求に応じたサービスをなんでも提供するようになった。しごく単純なことですよ。

上野：さっきね、「女子高生と聞いたら勃起する健全な性欲」っておっしゃいましたが、いまのビデオでオナニーを覚えて、それを現実にやってみることが安いから可能になったって聞いてると、男のセクシュアリティっていうか性欲って、フェティッシュなものだと言っているように聞こえます。フェチつまり記号とかね、カラッポのシンボルに反応して相手の肉体の中身がなにかは問わない。女子高生だったら勃起する、裸の女体とみれば勃起する。要するに、頭の中まで、骨の髄まででっていうか、オナニズムでできあがっていることになる。となると、記号とかメディアとかが先行していて、それを現実の女体でなぞっている…なんだ、昔から変わらないいじゃないか。

宮台：まあ、恋愛そのものの歴史と同じですわね。

上野：そこにハイテクのメディアが介入してきたと。ただね、いまの話聞いていて私ちょっとあぶないと思ったのは、宮崎勤君裁判のときにバーチャル・リアリティとリアリティの間の境界を、M君が踏み外したという説がありましたね。

宮台：大反対している説ですね。

上野：その説に近く聞こえちゃったよ。あなたの説も限りなく近いことを言っているんじゃないの？

宮台：違うんですよ。先の話は前段までで後段はまだしゃべってなかったんですよ。

上野：あ、そう。

宮台：つまりね、男のほうはオナニズム的妄想をお金で買っているんだっていうことを知っているんだけど、ほんとうは現実でできないことを、現実でできるというのは一つの興奮ですから、やっぱりニュー風俗はたしかに現実にしてくれるけどもプロなんですね。プロとアマの敷居はまだあるんですよ。あのころ女子大生がやるようになったと言われていましたけども、女子大生はほとんどやっていません。あの当時、ほとんど専門学校生が女子大生を名のっていた。ごく例外に、京都大学現役法学部ソープ嬢とか山本晋也の番組に出てましたけども、例外ですわ。そのころまだ存在している素人と玄人の境界が、九〇年代に消費可能な落差になっているんですよ。自分のオナニー的妄想を素人の女子高生にやってもらえたらどないやろうなという部分だと思うんです、わかりやすく言うならば。

上野：そこがやっぱり、わかんないんだけどもね。素人の女子高生はプロよりテクは落ちるでしょ。しかも、プロより高い。なんで行くんやろ。（笑）単純に市場原理で言うと成り立たない。

宮台：あの、いままた性風俗産業が細分化しているんですけども、これは素人を追いかけてるんですね。女子高生がいろんなことやってくれるようになったので、玄人もそれに対応しないと客が満足しないんですよ。素人の女の子が東京近辺で売春価格を半分に下げてきたので、玄人もそれに応じて下げなければならないっていう状況が現実に起こってきているんですね。すごくシンプルなことです、起こっていることは。

女の子による男の子の消費

上野：もうひとつ不思議でしょうがないのはね、その素人の女の子たちの同世代の男の子たちはなにしてるの？

宮台：えーと、ですね。

上野：金出す若オヤジなんかがいるから、女の子はタダじゃやらなくなってるの？

宮台：これもデータですけども、いま女の子の性体験って、男の子より三割から四割多いですね。東京でも全国どこでも。

上野：データを見ると、相手はほとんど年上の男、社会人です。

宮台：中学生、高校生の男の子から見ると、自分の好きになる女の子は多分オヤジとセックスしてるんだろうなと妄想の世界で思っちゃうんですね。わからないですよ、確証しようがない。昔我がマドンナみたいにいたのが、今は男から見るとパパいるんだろうな、たぶんっていうイメージなんですよ。そうすると、一時期オヤジ狩りがはやりましたね。だいたいオヤジ狩りしている奴は押し並べて、二つの動機をあげる。ひとつはオレたちも遊ぶ金欲しいんですけど、セックスに使えないんで、バイオレンスなんですよなんて奴がいて。

上野：なるほど、短絡ですね。（笑）

宮台：短絡ですね。あともうひとつは、オヤジがね、日本をダメにしたんですよ。だいたいね、女買ってるじゃないですか。同世代の女を買われることのルサンチマンっていうのをあげるのが定番だったですね。

上野：その若い男たちはどうするの？　金が手に入ったら、同じことやるの？

宮台：やる可能性ありますよね。ただその動きが一方にありながら、最近の男の子たちに新しい動きができてきて、ビジュアル系ブームっていま言いますよね。最初はバンドでSHAZNAとかいるんですけども、ちょうど上野さんが日本にいないときにブレイクしたブームなんですけども、これがいまストリートの普通の男の子たちに広がっていて、たとえば「東京ストリートニュース」とか「egg」とか「かわいい」とか購買層が主に女の子で、素人の男の子ばっかり載せる雑誌があるんですけども（女の子も載っているんですが）、その中で沿線アイドルといってキムタクよりゼンゼン人気がある。いまキムタクの主要ファン層はオバチャン、主婦ですから。高校生は全員が全員沿線アイドルに向いている。東横線沿線のなんとか学園のなんとか君っていう、わかりやすく言うと、男の子が女の子に消費される。おいしくいただいて頂くというふうなコンセプトで、いつもあぶらとり紙をもっている男の子とか…

生産財男と消費財男

上野：それって、林真理子の世代から始まってましたよ。生産財男と消費財男っていう区別があって、生産財男だったら、面の皮が厚くて財布が厚い方がいい。できれば、ブランド大学出てて、一流企業に行ってる方が生産財としては値打があるけども、消費財としてはダサクて、退屈して一時間ももたない。となると、消費財男の方が、ワインの飲み方知ってるとか、遊び方知ってるとか、その方がどんどん価値が上がるというのは、とっくに十年ほど前から起きてました。女の方は結婚が一応就職だったからね。生産財男は手放さないで、キープしとく一方で、結婚と同時に本命に絞る必要がなくなっちゃって、他方で、消費財男も抱えておく。

宮台：女の子の嗜好の変化が、十年以上前に起こったのはその通りなんです。今、言ったのは、男の子が変わったんですよ。

上野：やっと市場に淘汰されてきた。

宮台：生産財男は、あほや。援交オヤジ、同じ立場ですよね。援交オヤジ、金払ってますけども、売春してる子も、おいしく食べていただける男とは、ただでセックスしてくれるんですよね。

上野：話がおもしろいとか、笑わせてくれるとか。
宮台：そうです。簡単に言えば、笑わしてくれるとかリラックスさせてくれるとか。
上野：「どんな男の子がいい？」と女の子たちにいろいろ聞いたらね、「自分の思い出の中でどういう男の子覚えてる？　印象強い？」って聞いたら、自分を一番笑わせてくれた男なんですよね。自分の自慢話ばかりしてる男って最低だよね。
宮台：ニッポン放送で、男の子一〇人集めて、みんな「ストリートマガジン」に載ってる有名な子ばっかりなんですよね。ものすごいナイスなんですよね。
上野：どうナイスか、教えて？
宮台：まず、いくつかあります。顔が、ルックスが女の子よりもはるかに繊細なんですよ。「ストリートマガジン」見ていたときから、気が付いていたんですけど、女の子って、完全に抜けちゃって、だらっとした顔してるんです。はーっとした顔です、簡単に言えば。おいしくいただいて頂くって水準を二十年間やってきて、次のステージで私が一番好きーみたいになっちゃってるんです。他人の視線なんて気にしない、完結して閉じた球体みたいになってるんです。
上野：そう。男に認められなくたって、もういいんですよ。
宮台：ところが、男の人は、ようやく女の子から二十年遅れでね、自分が消費財だってことを自覚したんですよね。

上野：やっとわかってきた。よかったわね。

宮台：その結果、こんなことしたら女の子に嫌われるかな。いつも意識してる感じの目なんですよ。だから、悩ましい。

上野：やっと男女平等。

宮台：昔の関根恵子、二十年前にいましたけど。清純そうで、ちょっとH。二重性みたいなのを、どの男の子も持っている。全然セクシー。今の高校生から見て、高校生のこういう子たちの方がセクシー。

上野：宮台さんは負ける？

宮台：負けますねー。あと、もうひとつ。めちゃくちゃモテる子なんですよ。どこに行っても、顔覚えられてるから、声かけられるんだけど。自分のことモテると思ってる人って、誰も「待てよ、モテるだろー」「やぁ、そんなことないですよ」「どういうことだよ、いっぱい声かけられるじゃん」「自分が好きになった女の子が振り向いてくれないんだから、モテるとは言えないでしょう」

上野：恋の悩みはみんなおんなじ。

宮台：謙虚なんですよ。昔の女の子のセリフ。僕たちに言わせると。

上野：傷つきやすくて、純情なわけね。抱きしめたいわ。

宮台：だから、本当にいいですよ。僕は、政治的なアジテーションみたいに女の子みたいになれって言ってましたけど、なってるじゃん。

上野：私もずーっとそう言ってきたのよ。女が能動的になれって言う前に、男が受動的になれよって。

宮台：おっしゃる通りですよね。一部の子が、もう大挙してなってきている動きがあります。「ストリートニュース」の行ってみたい文化祭ランキング。昭和第一高校、入ってる人の偏差値、五二・四八ぐらいの中堅校ですね。スポーツも目黒高校より強い。何の取柄もなくて、強いて言うと制服が格好いい。めっちゃ人気で、昭和第一高の布製のサブバック、ジャージなんか入れるやつ、二、七八〇円で、生協で売ってるんですけど、アメ横ではパッチ物で三万円で売られているんですよ、ニセ物が。

上野：ということはね、消費財男に記号として発情しちゃう女の子が…

宮台：出てきたと思う。

上野：ところで気になるのは、消費財男って結婚相手の中に入る？

宮台：入ると思います。

上野：そうかなぁ。消費財男って市場価値、どのぐらいあるんだろう、生産財として？

宮台：これは、いろんな女の子に聞いていて思うんだけど、例えば、僕らくらいの同世代の三十代、三高女と言われていたような女の子が…

上野：バブリーな女たち。

宮台：時代ですよね。生産財男と消費財男とを分けて。

上野：使い分けた。

宮台：結婚相手として生産財男を選ぶ感じがあったと。

上野：でも、消費財男も捨てなかった。

宮台：今は、構造は、ある意味似てるんだけど、結婚はやっぱり好きな人としたい。圧倒的ですわ。

上野：たとえ貧しくても？

宮台：いや、違うんです。いざとなったら、援助交際できるもん。

上野：なるほど、尽くす女だ。

宮台：尽くす女と言うより、金が必要になったら、自分で稼ぐ。男にわざわざ金を稼いでもらう必要ないから、一緒にいる男は好きな男の方がいいって言う。僕は、いろんな意味で、援助交際する女の子が増えたせいで、性的なコミュニティ文化、成熟に向かっている。若い子に向かって言ってるのは、そういう意味なんですよ。

現在のセクシュアリティ

売春に参加している人たち

上野：若い子がその気になれば、男なんかにぶらさがらなくたって必要なお金は自分で稼ぐ。自分で稼いだら、別に生産財男に頼らなくても、自分が本当に一緒にいて居心地のいい男、気が休まる男、尽くしてくれる男、見てくれのいい男、気持ちのいい景色をつくってくれる男と一緒にいたい。当然ですね。そういうことが通るようになったのは、非常に結構なことだと思うんだけど、女の子が自力で稼ぐというとき、援交で稼いだ女の子って、自分の市場価値が、ごくわずかの期間しかないことよく知ってるでしょう。その後、総合職と一般職とか、労働市場に巻き込まれる時、その女の子たちはどうなるの？

宮台：誤解がある。売春に参加してるのは、女子高生だけじゃなくて、ＯＬから主婦から、ほんとにたくさんの人が売春に参加してるんです。ＯＬ事件が起こったときに…

上野：東電ＯＬ事件っておわかりかしら？

宮台：昨年の春に起こったんですけどね。キャリアＯＬで、僕より二つ年上の女の人なんです。ほぼ同世代ですね。慶応の幼稚舎から順々に慶応に進学した家柄の人で、大金持ちではなく、堅実なお嬢様です。だから、堅実な東京電力に就職して、同期の中では出世頭です。僕はたまたま彼女と同じホテトルで働いていた女の人に、いろいろ聞いたんですけども、彼女が出世すればするほど、よりきつい売春、最初は安全な売春だったのに、今度は路上売春になっていく。ほめてくれればくれるほど、きつい売春するという、僕から見たら、典型的な形態の売春やっていた。

リクルートの「ダ・ヴィンチ」で連載してるということもあったんで、ＯＬ四〇〇人にＴＥＬアンケートとＦＡＸアンケートやってみてくれということでやったら、東電ＯＬ、わからない女性は三分の一で、三分の二は共感はできないけど理解できる。他人ごとじゃない。今度は伝言ダイヤルを使ってたくさんＯＬ取材したんですよ。ほんとに一流企業で働いてるＯＬ売春、多いんですね。こちらの取材意図である伝言ダイヤル入れて、ほんとにＯＬ売春しているＯＬがたくさん出てきました。思ったんですけど、男で女子高生買うっていうのは、男でも性的スキルの低い人、性的弱者に近い、完全に。

上野：そうですよね。

宮台：主婦やＯＬを買う男の人っていうのは、より目的が多様だし、コミュニケーション志向が強くなりますよね。例えば、ＯＬタイプで売春してる人は、トラウマ、精神的な傷を持っている人が結構いますね。さみしがりの人もいます。実は、買う男の人もさみしがりやで、傷を持ってる人いますから、そういう部分も含めもっての性的コミュニケーションを持つ。そういうタイプの売春が結構ありますよ。女子高生の場合、記号ですから、女子高生買ってんじゃねーよと踏まれながら、ちんちん立ってる、みたいな。それは女子高生現象なんです。ＯL売春でそんな奴いません、ほとんど。

僕、九三年ぐらいから、売春現象追っかけてますから、ＯＬになった子もいます。その後どうなるかというと、一つ、典型的に風俗産業、もう一つは、これがむしろ、典型なんですけどね、例えば、援助交際する時に、一時期はまる女子高生、確かに、九〇万、五〇万稼いだ子っていましたけど、実は続かないんです。ホテトルって続かないんですよ、一年以上。いろいろ補足しますけれど、要点だけ言うと、だいたい、はまってる子は半年ぐらいすると離脱するんです。やっぱり、好きな彼氏とＨする方がいいわ。消費欲求も下がるんですね。いや、売春の頻度は減るけど完全に手を切るかというと切らない。いざとなったら、売春できるようにスタンバってはいるんですね。例えば、ＯＬになって、お金ピンチになった、欲しい物ができたとか、その彼氏とケンカしたなど、雑多な動機でポンと常習者じゃないタイプの売春をします。

売春の定義の誤り

上野：その時、そういう現象に何でもかんでもつっこむブラックボックスみたいに、売春というレッテル貼らない方がよいと思うんだけど。

宮台：そうですね。

上野：例えば、今、例に出た東電ＯＬ殺人事件で気持ちがわかるといった、一流企業のＯＬたちって、財布がピンチとか守銭奴みたいに貯金の残高を増やしたいんじゃない、店持ちたいとかいうんじゃない。考えてみたら、後くされのないセックスしたいというのは、男だって思っていたことだし、女だってそう思ってます。コミュニケーション・スキルが一方で高まってると言いながら、もう一方で、たかがセックスするのにね、ほれたの、愛してるのとよけいな理由をくっつけなくちゃいけないの？　と思う人だって、いっぱいいます。

テレクラみたいなのができたときに、私は、ほんと思ったものです。あー、ハントのコストがずっと低減したって。これまでだって、やりまくり女とか、やりまくり男はいっぱいいいた。ハントってスキルとテクニックがいるんです。言葉がいらなくなるレベルに達するまでには。やるかやらないかということを合意するまでは、コミュニケーションには言葉がいるんです。そのテクもいらないぐらい、ハントのコストが安くなった。テレクラに素人さんが参入し、やりたいと思えば、安直にセックスできる。

宮台：正確に言うと…

上野：ちょっと待ってね。セックスをしたいと思うことのために、口実も理由もいらない、愛や恋という正当化がいらないという現実が成り立ったと思います。援交が始まったのは、テレクラで知り合った女の子の枕元に「すまないね、悪いことしちゃったね」と男がお金置いていっちゃう。私って商品価値あんのねって、後になってその当事者が発見するっていう順番です。それと同じで、お金って「これっきりだよ、僕と君の関係は」という記号だから、女の方でも「これっきりよ、あんたとの関係は」って言うときに金もらっといた方が面倒がなくていいということがありますよね。それだけの記号としてお金がやりとりされている。何も物欲からだとか、そんなケースばかりじゃなかろうと思うんですがね。

だから、売春というと金のためというふうにひとくくりに呼ばない方がいいと思うんですけど。

宮台：やってるって言いにくいんですが、彼女はホテトルも経験あるんですね。他の女の人からも聞いたことあるんですが、ホテトルとテレクラ売春とは決定的に違うって言うんですよ。ホテトルというのは、女の子は完全に受動的でお客の欲求を拒めないっていうか、お客を選べないんです。簡単に言えば、自分に選択の余地ないんですね。一日に四人から五人を相手にしますから、いわゆる穴になった感じ。一〇〇人が一〇〇人直面させられることになります。ところが、テレクラ売春というのはちょっと違うんですよ。テレクラ売春が始まった経緯は、いま上野さんがおっしゃったように男が置いてく所から始まったというのがありますが、実は、例えばテレクラの場合は、女の子側に曲がりなりにも選ぶチャンスがあることになってるんですよ。

上野：そうですね。

宮台：実際には取材しててておもしろいんだけど、あんまり選ばないんですよ。

上野：不況で選ぶ余裕がなくなった。

宮台：っていうよりも、テレクラはナンパのテクニックをスキップするっておっしゃってますけど、それは金がからむようになってから初めてそうなったんであって、金がからむようになる前の直前のテレクラって。テレクラはコミュニケーションのスキルがあればいくらでもできますけども。

上野：そうか、電話切られたらおしまいだもんね。

宮台：結局テレクラに残ってたのは、最後はマニアだけだったんですよ、売春化する前は。ところが金っていうのがからんでくると、金を口実にして女の人も会えるし、男の人も買ってるということで会えます。

上野：未熟な人たちが市場に入るようになったのね。

宮台：そうなんです。パーンとそこがスキップされるんですね。スキップされるんだけど気に入らなかったらお互いやめようねっていうのがテレクラにはあるんで、一応お互い肯定しあってからセックスしてるっていうね、ある種の虚構なんだけども、そういう手順があるせいで、そういうふうに思うんですね。全然セックスの意味が変わる。

同じ売春でもやっぱりホテトル売春は勧めないよって。売春するなら一つ手間かかるけど、テレクラ売春した方がいいよ、絶対自分にとっていい。

上野：宮台さんと同じことを私流に言い替えると、売春というのは男と女の間でのお金とセックスの交換と定義されているけど、そんなものうそっぱち。セックス産業と言うくらいですから。産業には業者というものがいて、業者と客がお金とサービスを交換していて、売春婦という女は交換される商品ですから、商品に客を選ぶ自由はありません。あたりまえですね。テレクラ売春とホテトルを一緒にできないのは当り前で、女の立場が基本的に変わった。

つまり、商品からフリーランス、自営業者に変わった。決定的な変化ですよ。自営業者はいやな客に売らなくていい。もちろん業者の管理下に置かれてないから、危ない目に合うこともある。だから、自己責任の原則で自由営業をやっていることになる。そのための市場の媒介をテレクラがやっていると言うことになっているんでしょうが。

性的なパートナー

上野：どうしても、もう一つ話題にしたいことがあります。援交少女の同世代の男の子たちはどうしてるのかという裏側に、援交オヤジ、老オヤジと若オヤジの、その同世代の女たちつまり彼らの配偶者の女たちはいったいどうなってるんだという問いがあります。援交オヤジはたいがい既婚者なんでしょ？　最近三十代の独身率がどんどん高まって、首都圏だけでいうと三十代男の四割がシングルなんですね。今でも一番安直にセックスできるのは、結婚してる男。結婚してるってのは、すぐ手近にいつでもやっていい相手がいるということだから。他人だといちいちナンパの手間かかってね。ナンパの手間ってストレスかかるんですよ。

アメリカのデータだけども、一見もてそうに見える男でも、例えば六十歳になった時のストレスの度合、これは既婚者と未婚者の男性で全然違う。これが平均寿命にも反映してて、既婚者の方が長生きする。いちいちハントするって、そうとうテンションがいる。ストレス高まるらしいんです。だからシングルでハント続けてる人は、相当モテてもストレス多くて、ついつい減ってくるとかね。そうでなくても減る人はいるんだけども、ということがデータでわかったりしています。

宮台：補足すると、同じハントするんでも既婚者のハントの方が、女性も受け入れやすいっていうのが多くなってきましたね。男側から言うと、僕は事実婚状態ですけど今、例えばホームベースがあると楽なんです、失敗してもいいんですもの。いつでも帰れる場所があってハントしてるんですから。

上野：女の側から言っても、既婚者の方が安全だっていう感覚がある。キープさんとかいる方が追っかけられなくていい。結婚してくれだの、うざったいこと言われなくてすむっていうのありますね。

宮台：だから女性の性的な遊び相手としての男、年長者であればあるほど価値が高くなる。高まってきてますよね。

上野：シングル即性的弱者といかないと思いますが、シングルであればあるほど性的なパートナーにアクセスするチャンスが減るということになりますか？

宮台：なります。若い子はなってますね、そういうふうに。

上野：となると、さっき言った老オヤジと若オヤジの中で、若オヤジの方はシングルなんですか？

宮台：大半、シングル。

上野：大半がシングル。

宮台：はい、ただ結婚してる場合も、これはセックスレスとか話題になってますけど、僕の同世代で結婚してる奴には、まず離婚する奴が多いと言うことと、奥さんとセックスしない男が多いですね。

上野：家でも外でも、セックスは全くしないでいる。

宮台：いやいや、浮気ですよ。浮気ではある。

上野：つまり、おウチにセックスを持ち込まない。

宮台：そういう感じです。

上野：森瑤子さんが「家庭に仕事とセックスは持ち込まない」って言っていた。それでなおかつ婚姻を解消しないのは、何か理由があるんですか？

宮台：うーん、それ聞きたいんですけど、何かよくわからないんです。例えば同士みたいなもんだとか、何かそれとは、やっぱり違う安心感があるからとか、聞くと言いますよね、みなさん。

上野：やすらぎ。

宮台：やすらぎ。

上野：妻のほうは、「不機嫌な果実」してるんですか？

宮台：そういうケースもあるんでしょうね。それあるでしょう、当然。

上野：妻は、どうしてるんですか？

宮台：だから、男は男で浮気してるわけですから、女は女で浮気してるんだと思います。

ただ僕は、男に「女房、しているか?」と聞いても、「してます」っていうふうに言う人あまりいないですから。

上野：そら、そうですよ。でも宮台さんは、人妻フィールド・ワークしてるんでしょう?

宮台：だから、女のルートからは、別にやってますけども、かなりそれは浮気してるだろうなと思います。

上野：さっき、既婚者の男の方が安心。かえっていろんな意味で女の方からアクセスがやりやすいという話が出ましたが、男にとっては、既婚者の女はどうでしょうね?

宮台：僕のような人もいるんですよ。つまり人妻に価値を認める人って、いるんですよ。

上野：宮台さんは、おばさんの救世主だ。

宮台：ということ、あるかもしれませんが。

全員結婚社会

上野：否定しないよ、この人。すごいね。もう一度、老オヤジへいきましょう。老オヤジの世代は、私たちの世代あるいはそれより上ですね。三十代の男の人の独身率が上がったのは最近十年ぐらいのことで、それ以前まで日本は累積婚姻率つまり四十歳までに一度でも結婚したことのある人の割合っていうのですが、約九八パーセント、ほとんど全員結婚社会、結婚大好き社会なんです。だから我々の世代の男は、テクが下手で、スキルのない男でも結婚できたし、セックスをやれたんです。ということは、老オヤジは、ほぼ既婚者である可能性がきわめて高いんですが、老オヤジの配偶者は、何をやってんでしょう？自分の夫が援交とかいうことをやってるということを知ってんでしょうかね？

宮台：知らないでしょうね。

上野：夫になんの関心もないから気も付かない、ですかね？

宮台：僕は、そういうタイプの結婚の経験がないんでー、ちょっとわからない。

上野：おたくの親御さんはいかがです？

宮台：うちの両親は今でも、海外旅行とか二人仲良く一緒に旅行行ってますから。えらい仲よさそうですし。うちの親は性的リベラリストで、僕が中学校入った時から「昨日やらしてくれなかったんだよ」って、僕に言うんですよ、おやじが。親に「俺に言うな。俺に言ってもどうしょうもないんだからさ」って。

上野：ところで、お母さまの性的満足度はおわかりになりますか？

宮台：うーん。まああじゃないでしょうか。

上野：だからママ、っていうのかな。（笑）

宮台：いや、何の話でしたっけ？

上野：大事な話ですよ。老オヤジの結婚のなかの性関係はどうなってるのか。

宮台：そら、貧しいでしょう。まずテレクラでナンパしてる。だんなとセックスしてません。だんなとセックスしてない期間がかなりにおよんで、自分自身が女であることに関するアイデンティティのゆらぎが生じる。

上野：セックスしてないと女としてのアイデンティティがゆらぐもんですか？

宮台：ゆらぐもんです。それは僕の、経験的には、そこにいる子たちはそうです。

上野：かなり偏ったサンプルですね。

宮台：それはわからないですよ。それはどこが偏ってるか、検証しようがないんですよ。

上野：マクロデータがあるんですか？

宮台：マクロデータといったって、それはデモグラフィック（人口統計）な属性。

上野：フェミニズムの考えには、セックスしてもしなくても、私は女、というのもあるよね。

宮台：あるのかもしれませんが…

上野：いちいち自分が女だってこと、男のセックスによって認めてもらわなくったっていいよっていうのがフェミニズムです。

宮台：そうじゃなくて、そういう女がいるっていう話なんですが、まあ、いずれにしても肯定感を獲得したいわけですよ、テレクラで出会う男を通じてね。そういう女性はテレクラにかけこんでくる多くの女性に、多いことは事実です。

上野：そういう女が夫と離婚しない理由は何なんですか？

宮台：そういうことじゃあ離婚するもんじゃないと思っているからですね。つまりみんなそうなんだろうと思ってるんです。みんなそういう状態で結婚してるんだろうと思っているんです。

上野：みんなって？

宮台：世間様は、そういうことでは離婚しないものだと思ってるんですよ。

上野：ということは、結婚の条件の中に性的満足ははいっていないと。

宮台：必ずしも。世代で変ると思いますが、ある世代よりも、僕が出会った同世代ないしそれ以上のテレクラで出会う女性はそういう方が多かったですね。

上野：協議離婚の理由の最上位にくるのは性格の不一致。格を落とすと実は性の不一致のことなんだろうと思ってるのですが、今の話を聞くと、性の不一致なんか、離婚の理由にならないと聞こえるんだけど。

宮台：それはケース・バイ・ケースだと思うんですよ。つまり、そこで自分が女であると発見してから以降の選択肢っていろいろあると思うんですね。つまり、ＯＬにとっても、主婦にとってもテレクラって多様でありうるんだけど、ひとつの利用法は自分自身の別のあり方の可能性を検証する。自分はこういうタイプの女であることができるのか、こういうタイプの男であることができるのか、ということを検証できるんですね。つまり、お互い歴史をもって現れないですから、歴史は自分自身の台詞、プレゼンテーションとか、自分をどう表現できるかという自己表出の足かせになるんですね、歴史が。今日から自由奔放な男になるよって言ったって、お前、何言っててんだって言われちゃうんですよ。昔の歴史知ってる人から四角四面な馬鹿男がって、言われちゃうじゃないですか。女も同じなんですね。

テレクラは歴史を外して、全部外して会えるんで、いろんな実験ができるんです。その実験したあと、実験する以前とは違う選択肢の束を手にすることができるようになると思うんで、それぐらいいったら離婚するってこともないですが、僕が実際知ってるケースで言うと、テレクラでいろんな男と出会うことを通じて離婚した人いますね。現にあります。皆が皆そういうんじゃないですけど。

欺瞞かつ偽善的なセクシュアリティ

上野：そうすると援交オヤジの方も性的弱者なら、そのパートナーやってるかみさんたちも、テレクラで宮台さんみたいな青年に、救ってもらわないといけないほどの性的弱者、どっちもそうなんですか？

宮台：その部分はそうですね。今申し上げたような動機で参入してる人たちは、物理的弱者と言えるでしょうね。つまり性的尊厳、性的自尊心がないですから、性的に非常に不安定なアイデンティティをもってるから…

上野：不安定なだけじゃなくて、クオリティのあるセックスなんか経験したこともないんじゃないか。もしそうだったら、こんなつまんないオヤジと何で一緒にいるんだろうか、と疑問が湧きます。宮台さんの話を聞いてると、テレクラみたいなのが、主婦のガス抜きになる可能性がある。大島清という自称男性学者が「不倫は結婚を長持ちさせる秘訣」なんて言っていますけど。結婚の延命にテレクラが手を貸してるってこともあるだろうし、場合によっては、いろいろスキルを身につけたら、こんなうざったい奴と一緒にいられるかっていうんで、離婚しちゃう場合もあるでしょう。

だけど、どうなんでしょうね、親の世代でそういう貧しい性を生きてる現実を見て、子どもたちの方は何を考えてるんでしょうね？　援交少女とかオヤジ狩りの子どもたちのことですが、私自身はフィールド・ワークはしておりませんが、この本をいろいろ読んで一番納得がいったのは、速水由紀子っていう人の書いたものなんです。

宮台：僕の同居人です。

上野：彼女は宮台さんの知恵袋、ネタ元が全部速水さんじゃないかとかっていう、噂もあったりして…

宮台：逆の噂もあるんですけど。

上野：あー、そうですか。逆の噂はセクシストの噂つうもんですね。だって、女心が何でこんなにわかるんだよ、お前って、何か裏があるに違いないって普通は思うもんです。

宮台：だって、僕、速水に会ったのは、ごく最近のことですから。

上野：ああ、そうですか。

宮台：基本的な著作を出した後のことですから。

上野：速水さんと事実婚とおっしゃいましたが、事実婚ていうのは相互に貞節を誓いあってらっしゃるご関係のことですか？

宮台：必ずしもそうではないです。この短い期間にもいろいろありましたから。

上野：合意の上で？

宮台：いや、合意してるケースもあったし、合意してないケースもありました。それは、いいじゃないですか、ちょっとー…

上野：とりあえず、お幸せそうで、まあ、いいですが。河合隼雄さんと共同編集で「現代日本文化論」シリーズが出ていますが、そちらに私自身の編集で小学館の「現代の世相」シリーズに、『色と欲』という巻を作りました。そちらの方には、宮台さんにお出まし頂き、「テレクラの民俗誌」を書いて頂きました。柳の下の二匹目のどじょうで、岩波から『消費と欲望』という巻を作り、そちらの方に速水さんに援助交際について書いて頂きました。援交についてはいままでいろいろ読んだ中で、速水さんの論文が一番腑に落ちました。彼女は娘の援助交際は親の世代のセクシュアリティに対する復讐だって言うんですね。今の援交少女たちの親の世代っていうとポスト団塊世代、つまり新人類です。だから、新人類ジュニアですよね。

宮台：母親が僕らの世代、僕と同じくらいの人が多いです。

上野：そうですね。タカピーな三高女です。彼女たちは、独身時代は消費財男と付き合いながら、結局は生産財男と結婚したという人々です。そして今は、子どものお受験に走っている人たちです。妻がお受験に走る一方で、夫の方は浮気やってます。女の方もフリンやってますというけど、いったん結婚生活の中に入ってしまうと、成人の女が日常生活の中でセックス可能な男と出会えるチャンスって、格段に低減するんです。今でもそうですよ。PTA行ったたって女ばかりだし、せいぜいテニスクラブのコーチとかね。学校の先生とか、家庭教師の先生とか。今にっこりなさったけど、かなり、いろいろおいしい思いもなさったんでしょうね。東大生にとって、家庭教師って、割のいいバイトなんですね。

宮台：おいしいですよね。高校生教えたら、高校生の女の子やっちゃったって…

上野：メシもつくし、ベッドもつくしで、結構なお商売なんです。お受験をやってるその背後にあるのは、彼女たちの貧しいセクシュアリティです。夫との間ではセックスレスになってて、夫の方は何やってるかわからない。もしかしたら、アダルトビデオ見ながらひとりで抜いたりとか、ソープに通ったりしてるかもしれない。妻の方はそういうセックスの対象にはなってない。

宮台：わかります、おっしゃる通りです。

上野：宮台さんみたいな救世主が、町田のデパートで声をかけてくれればいいけど。宮台さんも好みが難しそうだから、誰でもいいってわけじゃない。なかなか声かけてもらえない。そうなるとどうすればよいのっていうと、子どもに自分の全エネルギー、自分のエロスの全てをかけるしかないっていう、とんでもない事態がおきます。はた迷惑なのは子どもだと、つくづく思います。そういう母親の姿を見ながら育って、思春期に入った娘たちが、母親と父親の欺瞞的かつ偽善的セクシュアリティに対する復讐として、自分の「性的自己決定権」を行使してるというのが、速水由紀子さんの解釈でした。私は深く納得いたしましたが、宮台さんのお考えいかがでしょうか?

宮台：速水が、それを書くきっかけになった僕の枠組みがあって、援助交際にはまる子と、はまらない子の差はどこにあるのか。たいていの子は、はまる時期が、あっても半年ぐらいで、長くても一年ぐらいで外れてきますけども、外れないでごくまれにはまる子っています。

速水の追いかけてる子たちも、そういう子なんですけども、だいたい速水が書いたような、形だけのコミュニケーションと、言ってますけど、つまり両親が、お互いのコミュニケーションの中でコミュニケーション快楽であるとか、コミュニケーションを通じていわゆる自尊心の持ち方みたいなものがないんですね。

「うそ」社会―日本近代数世代のツケの澱

上野：宮台さんは、「うそ社会」という言葉も使って言っていますね。

宮台：そういうふうに使って言っています。だから形だけということなんですけれど。僕がよく言うわかりやすい言い方はね、夫婦仲が悪くて、性道徳に厳しい親父のいる家は、娘が援交すればはまります。帰ってこないという可能性が高いです。

上野：納得できます。

宮台：それはね、僕はいろいろ考えて思ったんだけど、例えば自分自身の感覚をモニターするってことがあるじゃないですか。自分が何を感じているのかをモニターする機能に破れが生じるみたいですね、そういう子は。

上野：でも、それってうちのパパの場合だよ。わー、告白しちゃった。

宮台：（ちょっとうろたえて）はい、まあ、そうですね。だから何ではまらないでやめるのかという子は、やっぱりいろいろな無理に気がつくんですね。例えば、背伸びしたかったとか、友達にあわせたかったとか、あるいは嫌な親父の前で感覚を遮断していることの無理であるとか、いろんな無理に気がついて、やっぱり嫌な感じになるんですね。それはたぶん、彼氏ができるということも大きなきっかけになるんだけれども、いい感じと嫌な感じの違いがわかって、「あ、やっぱり嫌な感じだからや〜めよ」「ま、臨時の時にしよう」という感じになるんですけれども。いい感じ、嫌な感じみたいなものの区別がうまくつかないという感じに、速水が言っているようなタイプの家の子はなりがちですね。形だけの、性道徳に厳しい、夫婦仲悪い、あと父親が暴力を振るう場合も、援交少女ははまって出てこれないケースが多い。

上野：その性道徳が厳しくて厳格な親父っていう場合です、はい。私が教えていた短大の子たちなんかもそうだけど、男の子と外泊して帰ってくると翌朝まで寝ないで起きてて玄関で仁王立ちして（宮台さん　笑い）、暴力を振るう親父がいるんですよね。愛情のように見えるけど、愛情じゃないんです。つまり、私有物を犯されたという怒りです。要するに自分の持ち物なんですよね、子どもの人生も子どもの人格も。その女の子の気持ちになってみれば、親が物としてこんなに大事にしているものを自分の意志で傷つけてやった、ざまあみろ、という気分になるのはよくわかります。でも、本当は自傷行為の一種ですね。私も本当によく腑に落ちるし、宮台さんもよく使っている言葉だけど、自傷行為をすることによって親に復讐しているということはよくあります。これは昔からあったいわゆる性的非行のパターンですが、ただそれにお金のやり取りがついてきたのが援交ですね。

宮台：おっしゃる通りですね。

近代の規範からいかに抜け出すか

上野：つまり、市場化の拡大が止めどを知らなくなったと言うことだと思う。宮台さんのいう老オヤジ、若オヤジの世代に、ギャルとオヤジ狩り少年の世代、おたくも含めてだろうけれども、日本近代数世代に渡るツケが溜まりに溜まって澱のように出てきた。一代二代の話じゃない、って感じがしますね。ウソをついて形だけ取り繕ってきて、その場をしのいできたという何十年か、半世紀ばかりの膿が出てきたということだと思うんだけど、じゃあどうやってここから抜け出せるのかという話をしたいんですが。

自由と尊厳

宮台：いや、じゃあそこから入っていいですか？

上野：ええ。

宮台：今度、紀伊國屋書店から出る『性の自己決定』という本で、自由と尊厳という文章を書いて…

上野：おお、出ましたねぇ。

宮台：これはね、なぜ自己決定が重要なのかということなんですけれども、法律論の話は今日はしません。すごく重要なことは人間の尊厳とは何かということについて、二つの立場があるんですよ。一つはドイツ国法学の立場で、人間の尊厳とは理想の共同体、あるいは精神共同体、これ民族や国家だったりするんですが、との合一である。理想的なるものとの合一が尊厳であるという立場が一方にはあります。それとは別に、ジョン・スチュワート・ミルをはじめとするイギリスの、特に十八世紀以降の自由主義哲学の流れの尊厳の考えがあります。それは、外的な制約がない、つまり自由な環境で、他人とのコミュニケーションを通じて、つまり自由な自己表出の試行錯誤の中で培われた自尊心の累積が尊厳である、というタイプと、主に二つの考え方があるんですね。意味わかります？

上野：別に、社会学の講義をしなくたって、もっとわかりやすく説明できると思うんだけど。

宮台：わかりました。じゃあ、わかりやすく言います。一つ例を挙げますね。例えば桜井武という自民党の都議がいるんですよ。一昨年の東京都の文教部会というところの質疑応答で、東京都買春規定を導入すると、取り調べのプロセスで、その女の子が違法な取り調べで傷つく可能性があるんじゃないかという生活者ネットワークの議員さんの質問に対して、そういう公序良俗に反する振る舞いをしている少女の人権は侵害されてもやむを得ないと言ったんですね。実は、売春とか性の売買に関する規制はどの国でも一定程度あるものなんですが、法理の組み立てというのはこの十年間でずいぶん変わりました。日本では売春防止法、あるいは「わいせつ三法」(一七四条―公然わいせつ、一七五条―わいせつ物頒布等、一七六条―強制わいせつ)にも公序良俗という規定が入っています、基本的には。

つまり、これはどういうことかと言うと、社会的法益と言うんだけど、社会の理想の秩序を乱すからいけない。その社会の理想の秩序というのは、今上野さんがおっしゃったような、娘や妻が男の所有物であるような、その家父長制的二重規範みたいなものを全部含みもった理想の秩序があるんですよ。で、これを犯すからいけないというタイプの法理の構成、実はどこの国でも昔はあった。だけどもうヨーロッパではほとんどないです。ドイツも九五年に性に関する法律を改正して、自己決定の侵害に関する法律というように名前が変わりました。

日本はどうか、ということなんですが、ぼくは今の例で言うならば、売春を規制するにしろしないにしろ、これは個人的法益にとっての問題である。この個人的法益というのは難しいですけど、今の尊厳なんですね。つまり尊厳が現に傷つくかどうかということのみで、議論するべきである。尊厳が傷つくという立場と傷つかないという立場が分岐しますから、そこで国によってやり方が違うんですけれども、日本はまだ公序良俗に反するから売春はいかん、わいせつはいかんというような議論がまかり通っているんですよ。

で、これを組み替えていただくためには、最後の結論ですが、日本のオヤジはどうでしょうか。日本のオヤジの自尊心、ぼくは自尊心というのは大変重要な概念だと思うんだけど、そのオヤジって下駄を履いているでしょ。例えば大蔵省の役人であることを自尊心とするという場合は、官僚システムの相関物、官僚システムとの一体化が自尊心であるわけだし、受験秀才は受験システムの存在と自尊心を結びつけているわけですよ。これは全部相対的なものだけどもね、そうじゃないタイプの自尊心の持ち方というのがあるわけですね。比較的流動的な、いろんな試行錯誤を経て、その中で一定程度スキルを獲得して、自分はこれでOKだというタイプの自尊心の持ち方があります。

昨今の社会崩壊、山一とか大蔵うんぬんかんぬんが、指し示しているのは、オヤジから会社という下駄、居場所がなくなって、どこどこの会社の部長であるという例の援交少女を相手にするオヤジの自慢みたいなことができなくなるという、これはいい兆候ですね。これから先うまくこのチャンスを利用すれば、日本の男の自尊心の持ち方の形式を変えるいいチャンスになると思います。実は性の問題というのは大きな自尊心の持ち方の変化というものを表す、あるいはそれについて議論するとてもいいチャンスなので、僕は今、性に注目しているという感じなんですね。

「自尊心」の中身

上野：大演説でした。あのね、さっきからの地を這うようなフィールド・ワーカーとしての実に腑に落ちる具体的な話から、急にぶっとんじゃって、文部省後援の講演会みたいな話になっちゃって、抽象度がうんと上がりましたね。つまんないオヤジのつまんない批判なんかしたってしょうがないじゃないと、私なんか思っちゃうんだけど。今の話を聞きながら二つぐらいのこと思ったんですが、一つは「自尊心」という言葉って、中身が何が入るかよくわかりません。

宮台：おっしゃる通りです。

上野：「自尊心」なんて言葉を聞くと、私はいつも少女の味方ですという顔をしていらっしゃる、国際日本文化研究センター所長さんの河合隼雄さんの「援助交際というムーブメント」という文章を思い出しました。河合さんはその中で、「援助交際は魂に悪い」と言ってらっしゃるんですが…

宮台：いや、ぼくは魂にいいって言っているんですよ。

上野：どこが違うの？　今みたいに「自尊心」という言葉を使うと、そこになんでも入っちゃう。

宮台：いや、ちがいます。そうではないんですよ。何でも入っちゃうんだというのは、そういうことを言う人間をむしろ相対化できるいいチャンスなんですよ。

上野：やってみて下さい。

宮台：つまり、例えば東大生の売春嬢を取材していて、なぜこれが一つの典型例になるのかといえば、一つは自傷性セックスのことなんですけれども、もう一つは、この子はずっとカウンセラーと精神科に通い続けていたんですね。そのきっかけは失恋の打撃でぼろぼろになって、半年通い続けて、全然だめだったんです。全然だめで、売春半年したら、ほぼ回復したんですよ。つまり彼女は完全に援助交際が魂によかった、自尊心の回復にもよかった。自尊心の回復によかったメカニズムはこうであると、彼女はとうとうと解説している。つまり、自尊心というのは何でも自尊心になりえます。国家の栄光との合致も自尊心になりえます。藤岡信勝さん（東京大学教授『「自虐史観」の病理』）のようにね。或いは個人の試行錯誤から得られた成功の積重ねも自尊心の糧になります。

つまり、自尊心というテーマを最初に設定すると、最初の価値の出発点において、あなたは何を自尊心としているんだということを問うことができるんですね。すると、そこで相手を相対化することができるので、むしろこっちがいろいろな言葉をしゃべっていく時に、とても有利な場所というのを作ることができるわけです。河合隼雄さんなんて大笑いじゃないですか。そういう売春で自尊心が傷つく人もいますね。売春で魂が回復する人もいます。それだけです。売春は魂に悪い人もいますし、いい人もいますので、魂に悪い人はやめましょうね。魂にいい人はやってくださいね。これで終わり。

よいセックスと悪いセックス

上野：いやぁ、魂ってわけわかんないものでしょ。中に何入れてもいいようなブラックボックス。「魂に悪い」って言うのは、意味のない言葉で、「悪いものは悪い」という同語反復と同じなんですよ。いったいあんたはどの高みから、「悪いものは悪い」って、神様じゃあるまいし、神様になりかわって言えるのかって言ったらおしまいなんですよね。河合さんは魂に悪いから援交はやめなさいと少女に言う一方で、援交オヤジの方には「魂の殺人者」って言ってるんです。でも女の子に言わせりゃ、こんなもんで魂が殺されるかよって言えばそれっきりですね。私「自尊心」という言葉は、今みたいに抽象度をあげて使わなくっても、もっと即物的にわかりやすくいう言い方ってないかしらと思うんだけど。

クオリティの低いセックスとクオリティの高いセックスを両方経験したら、クオリティの低いセックスなんてやってらんない。市場に関しては、良貨は悪貨を駆逐するということはほとんど考えられないけども、セックスに関しては、よいセックスは悪いセックスを駆逐する。クオリティの高いセックスをやるとクオリティの低いセックスはうざったくてやってられない。だってセックスって体力もエネルギーもいるんですもん。つまんないセックスなら、金でももらわないとやってられないと思うのは、当たり前でしょ。となるとクオリティの高いセックスとかよいセックスを学習するチャンスを、当事者から奪わないでほしい。ということだと思うんですが?

宮台:そういうことです。ぼくが言いたいことは、そういうことです。

上野:簡単に言えるじゃない。

宮台:いや、そういうふうに簡単に言うこともできます。性の問題に限ればそれでいいんです。つまり、だんだん抽象度をあげていくとできるんですね。今上野さんがおっしゃったことをちょっと抽象的に言うと、肯定感を獲得できるようなセックスと肯定感を獲得できないようなセックスがある。セックスのその場の肯定感というのは積み重なると、自己肯定感の総量に影響を与えてくることがあるんですね。与えないようなタイプの病理的なセックスもいろいろありますけれども。だから、セックスというのを肯定感に結びつくようにやるやり方も、そうじゃないやり方もありますよという言い方で抽象化できます。

あるいは、例えば今の女の子がね、自己一貫性とかいわゆる古い世代がアイデンティティと呼んでいたような自分さがしを放棄している子が多い、わかりやすく言えばね。僕らの年長世代から言うと、例えば親父の前では親父の、家族の前では家族の、彼氏の前では彼氏のつまりモザイク状のイメージの張り合わせを生きているような感じに見えます。でも僕から見るとある種のエコノミーなんですね。つまりいろんな居場所を多元的に確保して、それぞれのコミュニケーションからおいしいとこ取りで肯定感を獲得する。肯定感の島宇宙みたいなものを通過するようにして、生活の中の肯定感の総量を保っている感じがするのね。僕はそれを確立論的人間関係と難しい言い方をしたりしていますけれども。

ところが年長世代になればなるほど、例えば男の場合特にそうなんですが、自分がこれと決めた相手、あるいはこれと決めた会社なら会社でもなんでもいいんですけども、一つのものから肯定感を全面的に獲得しようとして、ガーッと入っていくタイプの関係の結び方をします。ある種の尻軽さというか、尻軽さと批判されるような生き方も、実は尊厳という言葉の中で肯定できるんですよ。つまり一つのものにこだわるあなたの病理的な固着思考が、むしろあなたの否定的感情を増大することに貢献しこそすれ、あなたの尊厳を少しも高めていない。あなたの野村証券への、山一証券への、大蔵主計局への同一化は、あなたの自尊心にとってはとてもよくないという言い方をしたりできるのね。

自尊心という言葉はマジック・タームなんですけれども、むしろ相対化に使えるという一点があるのと、わかりやすく言うと、肯定感と否定感という言葉に言い換えられるような、非常にわかりやすい内実をもっているんですね。

上野：でも、やっぱり私が言っていることとちょっと違うみたい。つまり今聞いている肯定感というのはね、一つの対象に固着しようがいくつもの対象に分散しようが、どちらも他人から与えられる肯定感ですね。
宮台：いわゆる承認というやつですね。

試行錯誤から学ぶセックス

上野：それに対して、もう一つ若い世代、あなたが「脱力した」って言った世代にとっては、他人にどう思われようが自分が気持ちよければそれでいい、こういう感じ方だと思うのよね。
宮台：いや、ですからちょっと誤解があります。僕が肯定感或いは承認という時に、今度に出る本で詳しく書きますけれども…
上野：あのね、「僕の本を読んでください」って言うのはね…
宮台：いや、そうじゃない。
上野：それは、こういうところでおしゃべりする人の敗北宣言よ。
宮台：あ、わかりました。
上野：それは本を読まなくても、今話を聞いて下さればわかりやすくお話しますというものだと思うの。
宮台：わかりました。肯定感をつまり承認欲求から、今いけてる、いけてないという言葉を若い子が使うんですね。これ何なのかということをいろいろ見ていて、すごいわかりやすいな。いけてる、いけてないっていう言葉わかります？　いけていないっていう意味は確かに時期によって一ヵ月ごとぐらいで変わっていっちゃうんで、抽象的に考えないとだめなんだけど、抽象的に一つだけ一貫していることがあります。つまり、絶えず承認欲求を求めて行動している奴はいけていないんですね。つまり碇シンジ（エヴァンゲリオン）みたいに、僕はここにいていいの？　僕はこれでＯＫ？　みたいな感じ。おれＯＫかなみたいに絶えず承認欲求を気にしている奴はいけていないんです。それは外見上ＤＪをやっていようが、ローリング族やっていようが、ダンサーやっていようが、絶えず他人の目を気にして承認を獲得しようとしている奴はいけていないんですね。そうじゃなくて、さっきの男の子、女の子的にズボッとした表情で、ハーッみたいな顔をしている、これ超いけているんですよ。いけてる、いけていないは最初女の子が使い初めた言葉です。

これははっきりしているんですが、女の子がいけてるというときには、今上野さんがおっしゃったように、自己完結した承認のシステムというのを手にしていて、援助交際のオヤジ、自分の家族が自分を承認しようが、否定しようが、自分の肯定感覚には関係ねーよという感じにまで高まったケースなんですね。むしろそういう話をするために使っている概念。

上野：前振りが長すぎる。（笑）もちろん私は「セックスが人間の最高のコミュニケーション」

なんて脳天気なことを言うつもりは全くありません。人間のコミュニケーションっていうのは、邪悪なものから崇高なものまで全部スペクトラムの幅があるんだから、セックスだって、キモチの悪いセックスからキモチのいいセックスまでいろいろあります。でもセックスって、人間関係の中ではコストがかかる行為なんです。、体力もいれば時間もかかるし、エネルギーもいるし、リスクもある。病気になるかもしれないし、いろんな意味で、ご飯を食べることよりも、もっとテマ・ヒマのかかるコミュニケーションなんです。そのなかで、キモチのいいセックスとキモチの悪いセックスがあったとしたら、こんなつまらないことには使いたくないって思うんじゃないかしら。そうすると、やっぱりちゃんと、気持ちのいいセックスをしたいと考えるようになると思う。でもセックスというのは、はじめからどういうものかわかるものではなくて、人間関係のあらゆるスキルと同じように、試行錯誤で経験から学んでいくものでしょ、リスクを冒しながら。子どもが大きくなるときに学習の機会をもつということは、できるだけリスクが少ないときに経験を積むってことですよね。

結論は、たぶん同じようなところにいくと思うんだけれども、いまの社会は、十代のはじめぐらいからリスクの少ない学習の経験を同世代の男の子たち、女の子たちが積み重ねていくチャンスを奪っていると思う。キモチのいいセックスというかクオリティの高いセックスてのを味わえば、クオリティの低いセックスなんてうざったくてやってられない、というのが当然だと思うんだけど。

自己決定の概念

宮台：おっしゃる通りです。ただそこで、一つだけ重要なことがあるんだけれど、自由とか自己決定という概念には、自償行為も含めて自分が嫌なことをやる自由も含まれているんですね。そのことを自由にやることが本人を傷つけるからといって、その自由を制限してはいけないっていうのが国連の人権委員会とか多くのいろんなところでも承認されている基本的な自己決定権の定義です。だからそれをやるとあなたはだめになっちゃうよともちろん僕たちは言うことはいくらでもかまわないんですね。あるいは娘に、売春はお前の自尊心にとって悪い影響を与えるからとか何とか言ってもいいんですけれども、法律がそれを単純にやってはいけない、というのが人権の基本観念なんです。何でかと言ったら、人権というのは政治システムの行き過ぎを制限するために存在する一つの観念ですから。

そうすると例えば、セックスはどのくらい危険なのかということも実は簡単に合意できない。セックスがどのくらいコストがかかるのかということも実は簡単に合意できないから、例えばヨーロッパという狭い地域でも、ほとんどの国では売春はどんどん合法化されていています。アメリカとカナダはちょっと違います。アメリカとカナダは売春を合法化していないところが多いですが、ヨーロッパは運用を含めれば一〇〇％に近いぐらい売春は合法化されています。性の低年齢化もどんどん進んでいて、だいたい十二歳から十六歳でセックスしてもＯＫになっています。これはもうここ二、三年でもいろんな国が性をしていい性交合意年齢を下げました。

でも青少年が売春をしていいのかどうかについては、国によってだいぶ違います。青少年の売春というのはどのくらい危険なのか、この危険という意味は公序良俗に反するかというような議論は一切ありません。

そうじゃなくて、年少者が売春する場合に交渉力がない。たとえば知識がなかったり、自己主張力がなくて不利な条件を忍従しちゃう可能性があるじゃないかとか、あと問題処理能力ですね。子どもができちゃったとか病気になったという時に自分で解決できなくてまわりを頼る。まわりに頼るときに周囲の環境を変えて自尊心が傷ついちゃうかもしれない。あるいは、二番目で言えば上野さんがおっしゃったように、試行錯誤をするべき時期だ、というような、もしそういう価値観をもつとすると、売春って金銭欲求、金銭的な誘因がかなり高いですから、売春を続ける中で例えばある変態オヤジと付き合って、ある性的な嗜好ばかりくり返すという危険もある。そういう危険なんですが、であるがゆえに、そういう危険から彼らの尊厳、つまり彼らがそこから否定的な感情を獲得するのを制限するのに最低限それを買う男だけを処罰しようじゃないかという合意を一部していますが、でもイギリスとか一部の国は十六歳になったらセックスも売春もしてOK。スウェーデンも以前十五歳になったらセックスも売春もしてOKなんですが、やっぱり国連の委員会の勧告があって、十八歳までは売春してはいけなくなりましたね。これは過去十年ぐらいくり返して、性というのが何なのかということをものすごく議論しているんですね。その議論している人間は自分たちもセックスをしてきている人間たちです。

だから、例えばベルギーなんて年齢を四つに分けて、リスクをつまり強姦なら強姦、強制わいせつに相当する考えを十二歳、十四歳、十六歳、十八歳に区切って分けているんですね。それはもう徹底して議論して、例えばフェラチオを強要するということがあった場合に、十八歳だったらいいけど、十六歳でもフェラチオぐらいならいいんじゃないかとか、そういう議論を具体的にしているんです。議論して決めているんですね。日本の今の自民党の議員さんで、そういう議論できる人がいるのかって。いるわけないですよね。

上野：十代のセックスがあってはならないもの、あるはずのないものになってるから、クサイものにふたして見ない。現実を見ないところに、タテマエとホンネの落差が発生するというのが、ねじれの原因なんだろうと思います。私の友人がスウェーデンで子どもを産んで育てているんですけれど、思春期になった子どもが、どこで何やってるかわからないぐらいだったら、スウェーデンにはラブホテルもないことですし、おまけに青姦やろうっていっても外は寒いからねぇ、夏場しかできないから、とにかく家へ連れていらっしゃいって、自分の子どものボーイフレンド、ガールフレンドを泊めるんですよ。泊まっていく時に「明日の朝ご飯たべるの？」って前の晩聞いてるわけ。それができるかどうかっていうのは、親の世代のセクシュアリティの問題だと思う。

親の世代がね、自分の満足のいくセックス・ライフもやっていないで、子どものセックスは受けとめられないよ。やっぱり、一世代だけの話じゃないな。親の世代のセクシュアリティも問われているという感じがします。

買春処罰規定を問う

上野：これからあとは、司会で仕切って下さるの？

司会：いや、別に仕切るわけではないんですけどね。今日は本当にいろんな種類の職業の方が来ていらっしゃって、例えば婦人相談員、実際に夫の暴力から逃げて来た方を駆け込み寺のように人を世話している方から、子どもの人権を考えていらっしゃる方とか、ここにもポスターを貼っていますが、子ども買春のことをやっていらっしゃる方から、フェミニスト、さあこのフェミニストって言葉がいろいろですけれども。林真理子もフェミニストと呼ばれているらしいですからカッコ付きですけど、けっこう女性がやっていらっしゃる方も多いですし、ま、ぱらぱらと男の方もいらっしゃいますし、いろんな職種の方がいらっしゃるので、今日のお話が意外だったと思われた方と、やっぱりと思われた方といると思うんですね。送ってくるファックスでおもしろかったのは、上野千鶴子×宮台真司と私かけ算でやってたんですよ。でもここねバトルでくるんです、ファックスが。これはどういうふうに解釈したらいいのかなと。それは上野さんに宮台さんをいじめてほしいのか。これもけっこうニーズとしてはあったんですよね。(笑い)笑いがおこったというのは、そうよ、私それで来たのよって…

上野：ご存じですか？「噂の真相」という変な雑誌があるんだけど、あの中に去年一行ゴシップが出たんです。「上野千鶴子が宮台真司を食事に誘いまくり」って、読みました？　それ見て、ばっかみたい、どうせ書くなら、「上野千鶴子が宮台真司をベッドに誘いまくり」って書けよ、と思いましたけども。つまんないゴシップでした。すみません。

司会：いや、何かほら『幻の郊外』もまだ私に献本してないわ、あいつ」とかなんとか言ってたけど。

上野：そうなのよ。宮台さん、私に本をくれなかったのよ。さっきサインもらうのに、自分でお金出して買ったんだもんね。

司会：対談は今日がたぶん初めてだと思うんです。（二人うなずく）いかがでしたか？　かけ算が意外でしたか？　もっとやっつけあいっこをするのかと思われましたか？　できるだけ抽象的な話や学問的な話ではなく、よかったら自分のセックスにからんでご質問なんかいかがでしょうね。どうでしょうか？

参加者：年齢は五十歳で、職業は自営業です。二つほどちょっと聞きたいんですけれども。ひとつ上野さんがおっしゃってたクオリティのあるセックスとクオリティのないセックスという部分と、宮台さんが別の表現でおっしゃってた、その違いについてと、もうひとつは何世代という話で、それは僕も考えていて、少なくても五十年前の戦争の時点で、日本の近代家族がダンナが出征することによって、家族的なコミュニケーションが崩壊した。その影響がこの問題まで続いていると思うんですが。

上野：クオリティってカタカナだから怒られるかなと言い換えたんです。簡単に言えばキモチいいセックスとキモチ悪いセックスのことです。キモチいいセックス、これだけは自分で味わってもらわないと言葉では言えまへんわ。後半のほうですが、近代家族が日本で大衆的に成立したのは戦後ですから、戦争に引っ張られたお父ちゃんたちは別に近代家族から行った訳ではありません。それに引っ張られたのは、オヤジのほうではなく主としてムスメのほうでしたからね。今の仮説は当たらないと思います。お答えになりましたか？

処罰規定の中身

司会：ほかに何かございませんか？　お二人は法律の話はいいわとあんまり関心がない、そんなもんやってもしゃあないわと思っていらっしゃるんですが、どうしてもこの処罰規定というもの、宮台さんがテレビに出てしゃべったばっかりに決まってしまったみたいに言われているんですが、世に知らしめてしまって、どうでもよかったおっちゃんまでが、そりゃやらなあかんとか言ってやってしまったんで、ちょっと責任は感じてない…のね。法律のことを専門的にやっている方もいるので、関心ないかもしれないけど、宮台さんいかがですか？　ご自分のご責任として。

宮台：関心はあります。それは責任をやっぱり取らなければいけないと強く思っていますので、今一生懸命国会のロビー活動をやっています。それはなぜかと言いますと、東京都の買春規定とほぼ同じ内容ものを、もともとスウェーデンの会議から火がついた話なんですが、「児童売春、ポルノ禁止法」で何だかずいぶんとんでもないものが法案に入ってまして、例えばわいせつ物、いわゆる幼児ポルノとか少女ポルノとかいろんな言い方がありますが、単純所持規制を入れるとかですね、持ってるだけで処罰するということです。僕たち物書きは全員エロ本持っていますし、中には幼児ポルノを持っている人もたくさんいますので、全員パクることができます。現行犯で逮捕することができます、チクリがあれば。きわめて危険で、日本の警察は全く信用ならないので…

司会：たまたま電車の中で、何かなと拾ったものでも可能性ある？

宮台：可能性あります。例えばピンクチラシが入っていて、たまたまそれをためて持っていた。ためて持っていたのが、ゴミを出さなかっただけだというだけでも捕まる可能性があります。

司会：じゃ、おばちゃんがティッシュもらって、惜しいから家に積んでいても捕まる？

宮台：そのティッシュにエッチなことが書いてあって、幼児ポルノを推奨するような文章があれば…

司会：おばちゃんでも捕まります。

宮台：あと幼児ポルノの中に二つに分けないとだめですね。つまり幼児を被写体としていて、現に肖像権とか人格権を侵害された、いわゆる個人的法益を脅かされたとおぼしき人間がいるようなポルノと、漫画の中にいわゆる児童十八歳未満の少女のセックスが描かれているもの、全部含むんですね。つまり二つ含むんです。ところが、わかりやすい例を言えば、今漫画で名作と言われているものがたくさんありますが、例えば岡崎京子さんの漫画とか、山本直樹さんの漫画とかみんな高校生・中学生のセックスが描かれていますが、これ所持していたら、単純所持規制で検挙、逮捕、略式起訴になりますよ。これも危険ですね。児童ポルノという概念が、あるいは幼児ポルノという概念が全然定義されていないことの問題であるとか、ありとあらゆることが問題です。あともう一つものすごく重要な問題なのは、東京都の買春処罰規定を正当化する平林さんという女性青少年部の人が、売春はだれもが悪いと思っているのでせめて青少年だけは守らなければならない…

司会：それは男性ですか、女性ですか？

宮台：男性です。「ＳＰＡ！」に書いてたんですね。売春がいいと思っている、あるいは買春がいいと思っているそんな奴たくさんいますよ、日本に。基本的に買春や売春についての価値観は個人的なものであって、個人的法益を犯すものに関して、つまり性虐待とかね、あるいは売春宿を経営したり、不特定の相手を勧誘したりすることも国によって違うんだけど、これだけを何とかしたほうがいいんじゃないかとかいろんな考え方があるんですが、売春が一般にいけないからと言っているような人たちというのは、国際的にいってあまりにダメですね。人権感覚がなさ過ぎる。

司会：じゃあ、自分のセックスを論議しながら、さっきみたいに十六歳フェラチオいいとか。

宮台：そういうふうにやってほしいんですよ。あるいは売春は合法化する。地方自治体の淫行規定も全部憲法九三条違反でダメというふうにやって、淫行規定廃止、売春防止法も組み替え、公序良俗に関する規定全部削除、そうしたうえで、さて青少年に関する危険を尊厳保護の観点からどうしましょ、という議論をしてほしいです。

司会：でもね、法律を作ろうとしているこの間も大阪でありましたね。青少年を健全育成しようとしている母の会のおばちゃまたちとか矯風会のおばちゃまたちがセックスを語っているなんてないないですよね。

宮台：ないと思いますよ。なぜかと言うと、あまりにも当事者性がなさすぎるんです。つまり母の会は平均年齢六十代なんですよ。つまり今の子どもたちの置かれている状況を知っているんか？

司会：ということは、母の会の子どもというのは宮台さんの年代でしょ。三十八ぐらいの息子をつかまえて。

宮台：和歌山県で「有害コミック運動」を立ち上げたおばさんたちの息子さんたちも三十代でした。子どもがおかしくなる。お宅のお子さんは？　三十六ですとか。いや、うちのやることではありませんのでと言ったら、市長宅に陳情に行って、市長が議会で取り上げたことから全国化しちゃったんですけれど。

司会：あまりにもセックスを語らなさすぎる。

上野：今日の話を聞いて思ったんですけど、宮台さんがいつも言っているけどね、そういうおばさんたちは自分の亭主を一〇〇％信用していないという結婚関係を何十年も続けてきた挙句の果てが、自分の子どもに出ているでしょ。

司会：まずは自分の夫婦関係は自分たち夫婦で完結すればいいのに、何でそこで健全育成なんて。

宮台：白いポスト運動といって母の会がずっとやってきた。今でも一部ありますよ。みんなに読まない、読ませない。お父さんたち、家にバイキンを持ち込まないようにしましょうみたいな感じで、家に有害図書を持ち帰らないようにしましょう。バイキン扱いじゃないですか！　そうじゃなくて、家に持ち帰ってもらって「あんた、これを持ち帰ってくるってどういうことよ？」というふうにだんなに言わないの？　何でそういう議論がないの？

つまりお父さんはバイキンなんですね。

司会：そういう親を見て、ウチも実は高校一年生の娘がいるんですけどね、やっぱりどういうふうに見てるんだろう。最近私なんか「お母さん」なんて呼んでもらえないんで……まっ、それはそれでいいんですけどね。

宮台：お母さんを、ですか？

司会：ハイ、よく見ている。しっかり見ているんだろうか？

宮台：見てますよ。だって、上野さんご存じのように女子高生は街を歩いているだけで声かけられまくりですから。つまり制服を着ていればですよ。だからお母さんたち、お父さんたち注意するべきなのは、日曜日・休日に制服着て街に出るようやったら気を付けないかんのですよ。昔は違うでしょ？　制服着てたら安心すりゃあよかったんだけど。制服はさっき言ったように二重性の象徴ですから、う〜エッチとか言う男がまだおりますからね。援助交際、僕と速水ふたりで取材している。でも膨大なネットワークあるでしょ、そうすると外務官僚やら厚生官僚やら、山のようにおるんですよ。もちろん医者、弁護士、山のようにおるし、教員もいっぱいおるし、国会議員もおるわけ。おもしろいですよ。有名な国会議員と撮った写真を見せてもらったことありますよ。もう大変だよ、これを表に出したら。もういっぱいあります、そんなん。

性的弱者と性的メディア

参加者：宮台さんに質問があるんですけれども。さっきから性的弱者というのをどういう奴がいるかということを詳しく言われていて、そういう人が実際にいて、そういう人は妄想をいろいろメディアの中に求めていって、それに答えるメディアまたばんばん出て、そういうのは淘汰されなくてどんどん多様化しているから、それを要求している性的弱者の人たちはそういう社会にい続けることができるわけだから、そういう人たちはそういう妄想をさらにアップさせて、ずっと年だけはとるわけですよね。死ぬまでメディアを抱いていく、それはそれでいいのかなと思うんですが、そういう人の将来はどうなるんでしょう？

宮台：僕の言ったことはシンプルなことで、僕の言った性的弱者というのは、生身とセックスしようとして相手見つけられない人のことで、普通身障者とか老人ばかり言われるけど、そんなことない。世代下になれば、普通の人で性的弱者はいくらでもいる。

弱者というのは簡単に言えば、本人が自分のことをそう思ってたら性的弱者。定義を前提に言うと、性的弱者だからメディアに耽溺と言ったのではなくって、メディアに耽溺してて淘汰されない妄想を固着させた結果、妄想に応じる生身の相手を金以外では見つけることができなくなった、という意味では、やっぱり性的弱者なんですね。僕は性的弱者がいけないとは言ってないんですよ。そういうメディアと生身との間の関係があるっていうことが一点と、後一つは、この人たちは何故なのかと思うんですが、メディアの世界で満足してる人もいるんだけど、一部はイメクラでも金出して痴漢プレーをやりたがる奴がおるんですよ。イメクラで、家庭教師と女子高生プレイとかいろいろあるんですよ、やりたがるんですよ。メディアの中だけで完結せんと金出してでもやりたがるんやなと思いますけど、そこなんですよ問題は。そこでサービスがちゃんと提供されてれば完結するんやけども、性的弱者向けのサービスが希少になった時にどうなるんや。ずっと前の「毎日新聞」に、イギリスで性的メディアが暴力性を増長するという可能性を、実験したけれども、それを肯定するような結果は一切得られなかったという記事が出てましたけれど、その辺のことについて素朴な議論はやめよう。性的メディアは人を退廃させるとか、言うのもやめようと、むしろ性的弱者を救済している可能性があると、同じく性風俗産業で働いて、そういう動きに、応じる人もそういう可能性もあると。

僕の言ってるのは、風俗産業とか性の商品化も含めた性的メディアの位置付けについて、その一方的な、位置付けだけでは不足だろうと言いたいんで、性的弱者、いかんと言ってません。性的弱者はずーっといきます、そのまま。メディアで妄想を固着させて死ぬ可能性もあれば、イメクラぐらいで完結する可能性もあれば、女子高生を買う可能性もあれば、痴漢にありがちですが、現実に痴漢をするみたいな可能性もありますね。

性欲の近代的誤解

上野：生身の女体と関係したいという欲望を持ちながら、その欲望が実現できない人を性的弱者と呼ぶんだそうですが、性欲を満足させる方法だったら、べつだん女とやらなくっても、性的緊張を解く方法、すなわちマスターベーションというやり方がある。これはやると「気がハキハキして頭がスッキリする」と大正時代の性科学者、青柳有美も言ってます。誰にも迷惑かけないから、いくらでもやればいいんです。マスターベーションという他の人に迷惑かけない解決策があり、そのためのさまざまなテクやメディアの妄想がどんどん発展するのはいっこうにかまわない。これを文明という。それで結構じゃないかというのが一つめ。

「性的弱者」の仮説の背後にあるのは、人間の性欲の量というのは一定であって何らかの形で満足されないと、その人は可哀想な人だと言う、とんでもない近代的な誤解じゃないでしょうか。これって近代セクソロジーが作り上げてきた、セックスを量的に捉える機械的な見方です。さっき私が、宮台さんが「自分が女だというアイデンティティを獲得できなくて、テレクラに行く主婦がいる」と言ったのに対して、「何でセックスしたらアイデンティティが確保できるの？」って、食い下がったのはそのせいなんですよ。不幸にしてそういう女の人も、この社会に存在してることは確かですが、でもあえて言いたいけど「セックスなんて、したって、しなくたって私は私」って、どうして言えないのか。セックスって、それがないと自分の人格を否定されるような、そういうものなのか。男にとっても女にとっても、セックスしなくちゃ男は一人前じゃなく、セックスしてもらえなくちゃ女は女として認められないのか、という見方に対して、異議申し立てするということだってできるんですよ。セックスしなくたって、どうだって言うんだっていうのが二つめ。

三つめには生身の女体とやれるというのが、性的弱者にとっての解決なのかどうかということ。私がわざわざ生身の女体と言って、女と言わないのは、これはほんとに、もぬけの殻のただの記号としての女体なんです。女が裸でありさえすれば自動的に勃起しちゃうボクちゃん、と言うのは、一種の記号化された男のフェティシズムというか男の性欲が背後にあるからで、そんなもん、女と関係したいっていう欲望とは縁もゆかりもない。記号としての女体が自分の思うようになるという快感をつかの間味わいたいと思う人のために、サービスを供給する必要なんてないと思います。

司会：サービス供給したら、お金もらえば。

上野：その背後にあるのは、男の性欲というものを近代がどういうふうに作りあげてきたかという歴史です。もちろん、簡単に抜け出せるわけではないけれども、現実を否定することはできないっていうことは、確かにそうだし、そういう意味では、さっきから宮台さんが言ったような方策が、一番現実を見据えた上での原始的な方策だということを否定しないけれども、タイムスパンを一世紀ぐらいにのばせば、こんな馬鹿げたフェティッシュな性欲のあり方に、私たちがいつまでとらわれてなきゃいけないのかという思いもあります。

宮台：僕もそういうふうに言ってるし、書いてますよね。投稿写真にエロメディアに進出して、中学生からエッチしろ、こんなの読んでないで。そのためにママは、息子の友達とか、友達の息子とかと、セックスしろ。お姉ちゃんは友達の息子か弟の友達の男の子とセックスしろと言ったんですよ。これすごく現実的な方策ですけど、百年先を見据えた方策なんですね。ひっかかりません。日本の伝統とか考えると、簡単にそういうところに戻ると思うんです。そんな、ね、大丈夫ですよ。

上野：宮台さんの「伝統」という言葉の使い方は、気をつけた方がよいと思ってんだけど。それやると日本文化本質主義者になっちゃうから。夜這いができたのは、共同体が生きてたからこそなんですね。共同体がセックスのスキル、コミュニケーションのスキルを伝達する機関として働いてたからこその夜這いなんで、それがなくなってる現在、近代的な性規範が緩んでも、決して伝統回帰じゃないんですよ。

宮台：僕は、そういう意味には使ってませんん。全く同じこと言ってるんですよ。夜這いのシステムがないので、同じもの復活できないから、テレクラ、とってもいいんですよ。テレクラ、何で要求されるかと言うと、これ知らない人と出会うんですよ、夜這いは知ってる人と出会うんですよ。もう、全然ちがいますよ、それは。ただ、近代って上野さんがおっしゃったような、良妻賢母的思考の相対化という点では、相対化というかそうじゃないものであるという点では、共通してるから、それを言うのは、西部邁さんを相手にしてるんですよ。大丈夫。僕は本質主義者じゃありません。僕は昔本質主義者ぽいところありましたけど。いろんな地方を回ることのよいところはね、ほんとに、違うんですよ。風習一つ取ってみてもね、そんな伝統なんて、ひとくくりにできないことなんて、よくわかってお

ります。

参加者：自分が結婚してるので、婚姻内セックスに関心があるんで、援交オヤジは婚姻内でセックスしてないという話だったのですが、それは、オヤジの方がしたくないいんですか？

それともしたいけど妻が相手にしないんですか？　それとも両方したくないんですか？

宮台：えーと、何とも言えないな。これは主観の問題と歴史の中で作られた主観だからね。余儀なくされてそういうふうな欲望しなくなってる可能性もあるから言えないけど、主観の問題としては、奥さん相手に欲情しない人は多いでしょうね。もう一つ重要なことはすごく幻想求めてますよ。オヤジで援助交際する奴は、デートクラブ全盛期はイメクラと似てて、娘と父親ごっこみたいなのをしてくれみたいな欲求、結構あるんですよ。パパとか呼んで、本当のパパみたいに扱ってくれみたいな。だったらセックスが介在するのはおかしいんじゃないかっていう感じもするんだけど。

司会：じゃ何ですか、夫婦間で女子校生の格好しても駄目なわけ？

宮台：駄目ですね。

司会：それ何なんですか？　結局、記号なんだったら、相手は誰でもいいはずじゃないですか？

宮台：男も傷つく。だから僕、男としてちょっと言うとね、援助交際のオヤジたちとかテレクラオヤジたち取材しててね、思うのは、傷ついてるとかすごい弱い脆弱な感じがしますよね。例えば、家族的幻想ってあるじゃないですか。会社に居場所がなくなると、それこそ不機嫌な果実を妻や娘がやっとるかわからん。しょうがないから不倫で、これが俺の人生、みたいな、これが失楽園幻想なんですけれども。このオヤジの人たちみると、脆弱で可哀想なんですよねー。

司会：どうですか？　団塊の世代のオヤジ、いっぱい知ってるでしょう、友達で？

上野：私のこと？

司会：そう、そう。だって、オヤジって言ったら、上野さんの同年代のことでしょう？

上野：だって、お友達に性的弱者、いないもん。

司会：なんじゃ、それ！

上野：今の話聞いてると、コミュニケーション・スキルの脆弱なオヤジがコミュニケーション・スキルのまだ未熟なギャルを相手にしてるのか、貧しいなっていう感じ。もう一つ、婚姻の中のセックスで、男の方は妻に性欲を感じなくなってるって言うけど、女の方もそうなんじゃないの？

司会：いろいろなんじゃない、それは。

上野：そーお。

司会：そうよ、そんなの一概に言えない。

上野：答えはすごく簡単なんだけど。無理な関係、止めたらよろし、と言うだけのこと。

宮台：上野さんの言うこと、そうやと思うんです。何で欲情しなくなるのかというのは、男の側から見ると、自己防衛というのがあると思います。妻は自分を人間として見てないみたいな感じあると思うんですよ。

司会：じゃ、何として見てるんですか？

宮台：だから何かですよ、何か。

司会：財布？

宮台：サムシングですよ。

上野：財布ですよ。

司会：そんな、バブルはじけて、財布もないやろー。

上野：そやけど、一応ちゃんと毎月カネ運んできよる。

司会：急に援助交際……パパ減ったらしいよ、バブルはじけて。

上野：新聞の見出しの「山一の妻」には、私もびっくりしました。山一証券と結婚してたのかって。

司会：それからもう一つね。どうしてもね、言っておかないといけないのは、性的弱者って言うてね、両方が幼い女子高生、援助交際する男も性的弱者と言うけど、ちょっと待って、金持ってるやん、金。特にアジアなんかの少女売春のことって、やっぱり同じ弱いったって、金持ってる者ずるくないですか。このお金でエッチして、相手の女の子が、妊娠するかどうか。たとえ妊娠しても、僕は責任持たないよって言うことで、お金払うというそのやり方。これ弱者同士って、一概に言えるんだろうか？

宮台：いや、あのね、僕が言ってるのは、国内売春について限定してるんですよ。売春ツアーで向こうへ行ってね、十歳に満たない女の子を買いまくるツアー、今でもありますわね。これは、性的弱者ということではないですよ、別に。むしろもちろん国内の関係だけで見れば性的弱者。むこうは、もっと弱者なんですから、どっちがより弱者なのかっていうのは、完全に相対的なもんですから。僕の言ってるのは女子高生と比較してね、このオヤジの方が性的に強者とか。強者・弱者というと、買う方が強者で、売る方が体以外の物は売れない、金によって自由にされちゃう弱者。とんでもない、僕なんかから言わせたら。

司会：今日はかなり、学校の先生が来られてるんですよ。学校の先生はやっぱり、自分の学校の子どもたちはね、守るべき者。弱者とか、可哀想とか…。

宮台：やめて下さい、それは。

上野：「弱者」という言葉を無限定に使わない方がよいと思うんだけど。子どもを守るべきものと見なすのは、「自己決定権を認めない」ということでは。

司会：自己決定権を認めない？

上野：自己決定権を認めないで、弱者の状態に抑圧したまま置いておくということでしょう。それが先生方のやってはる教育というものなの？

参加者：心の中に消化できないものが残っているので、発言させていただきたいのですが。今四十五歳で、中年の主婦で、セックスレス夫婦になってるんですけど、高校一年の息子と高校卒業した娘がいて、私は小さい時から性的なこと学んで欲しいと思って、『ウーマンズ・ボディ』とか、いろんな絵本とか用意して、いつでも子どもが見れるような状態にしていたのにもかかわらず、子どもたちはそういう本は全然見向きもせず、やはり漫画の本とか。上の娘は多分彼とセックスしてるでしょうし、親には言わないが、いろんなことでわかる。息子の方はエロビデオとかそういうふうなもん、持っていて、セクシャル暴力漫画も好んで見てるような状態で、もっとオープンに本当はしたいのに、なかなか隠してできない。また、こちらも気恥ずかしくて、聞いてもそういうビデオあったら一緒に見よかと声かけて、何やあほらしいとか、息子に冷たい目で見られる状態で。これだけ性風俗が盛んになって、今まで隠されてたものがいろんな形で出てきているこの中で、家族が性的なことで本当に話し合っていけるんだろうか。今これだけ多用化している。この世の中がどう変わって行くのか、ちょっと聞きたいんです。すごく不安で、もっといろんな性のこと、解放して話し合いたいと思うんです。

司会：最後に宮台さん、フィールド・ワークたくさんされていて、援助交際の女の子たちはその後家庭持っているわけですか。何年もやってたら家庭持っている？

宮台：いやというか、だって、援助交際が高校生に爆発的に広がったのは九四年以降ですもの。まだ家庭持ってへんですよ。

司会：持ってない。どういう展望お持ちですか？

宮台：あのね、私的な例で言いますと、五歳の時に速水の連れ子ですけども、娘がいますが、その子、私の「朝・生（朝まで生テレビ）」なんか勝手に見てて、「真ちゃん、売春って何？」って聞くじゃないですか。僕もスープが鼻の中に入って往生しましたけども、一応ちゃんと説明したし、一応性的なことは大事で、すごくよいよって言ってます。児童館の兄ちゃん……どうも好きみたいで、好きなんやろと聞くと、赤くなってる。恋愛とか、あおりまくっているんですよ。多分、そういうスキルがあると思うんですね。子どもが性的なものに踏み出しかけてる時に、それをむしろ見ないふりするとか、触れないふりじゃなくて、それをだしにしてね、いくらでもできると思うんですよ。子ども見ててよく思います、それは。

司会：五歳で「朝まで生テレビ」見る娘ってすごいですけどねー。

宮台：全然もうそんなことおっしゃらないでよ。今、子どもは三時、四時と起きてて、全然寝ないんですから、もう。

自己決定能力を信じる

司会：フィールド・ワークというのは、自分の家庭というのが一番むずかしいっていうか、大変ていうか、どうでしょうか？　最後の締めになるんですが、三代、四代引き継がないために、これからの展望っていうのを……

上野：日本では、近代の性規範は、あれよあれよと数十年のうちに変わってきましたから、これから先の変化もあれよあれよで、せいぜい二十年から三十年のうちにがらっと変わると思います。私の世代が「初夜」という記号が通用した最後の世代でした。

司会：シーツを赤く染めて。

上野：婚前交渉も今や死語です。今の方の息子さんは健康に健やかに育ってはります。一緒にアダルトビデオ見よかという親の方が病気や。性ていうのは親からの離脱を意味しますから、親の手の内で親から離脱するっていうのは論理矛盾で、それをやらせようというのは親のエゴイズムそのものですよ。性は家族の中では閉じてる。結構なことやないですか、勝手に外で開いてもらえば。問題は、子どもを信頼して放し飼いに外に押し出してやることです。それが親の力量というもんです。何も親子でアダルトビデオ見んかて、息子さんはよそでとっくに見てはりますわ。子ども達の自己決定能力を信じましょう。信じるだけじゃ良くないんだよね。ちゃんと自己決定ができるようなチャンスを作ってやるのが親や社会の役割じゃないですかね。

司会：近代家族の…終焉は来てるわけですか。本を書かれています。

上野：とっくに終焉来てんのに、終焉を認めたがろうとしない。オヤジプラスその共犯者のオバサンたちが問題です。

司会：ぐるですか。

上野：ええ、ぐるだと思います。その点では私はもう、はっきりオバサンもぐるだと思います。子どものセクシュアリティを解放してやりたいと思ったら、自分自身のセクシュアリティを解放する方が先。親の背を見て子どもは育つ。自分自身がキモチいいセックスできんあんたには、子どもにだってそんなもの教えてやれるわけがない。自分の性が解放されないオジサン、オバサンが、子どもに性を教える資格はないと、私は思っています。

司会：ふむ、ふむ、ふむ。ということは、なるほど…今晩やりますか？　皆さん。「クオリティの高いセックス」っていうのを。

上野：今日、じゃやってみようと思ってお帰りになったら、それが一番の今日のおみやげです。

司会：そう、そう。そう、そう。

上野：やる気になって帰るっていうのが今日の成果でした。

司会：何でも、まず我がフィールド・ワークですものねえ。丁度お時間となりました。

Ⅱ部

売春女性に対する差別意識を考える

――「東電ＯＬ殺害事件」差別報道から見えるもの

角田由紀子

はじめに

この講演の準備のために、東京弁護士会の人権擁護委員会がこの夏の合宿「被害者の人権とマスコミ報道」用に資料を作成していたものを読みました。その資料の中に、「東電ＯＬ殺害事件」の新聞、タブロイド紙、雑誌で報道されたものがまとめられています。ごく普通の殺人事件報道になっているものから、彼女が売春行為をやっていたということに焦点をあてたものまで、書き方はさまざまです。その中で報道されている中身は、情報は何種類もなくて、一つの内容があちらの週刊誌にもこちらの週刊誌にも書かれているという形です。

1 なぜ東電OL殺害事件が「スキャンダル」としてあつかわれたのか?

女の二分法があてはまらなかった

それらを読んで、売春婦と、彼女が有名大学を卒業して、総合職で年収も非常にあったという、その落差の面白さというものに男性のメディアが飛びついているという印象を受けました。それが、これだけの記事が書かれる源になっていると思いました。売春婦というのはこんなバックグラウンドからきたこんな女だという社会の中で共有されたイメージがあるようですが、もし被害者がそういう人であったら、これはただの売春婦が殺されたという数行のベタ記事にしかすぎなかったと思います。何故ベタ記事にならなかったのか。この被害者の女性が二面的な存在であったことが男性にとって非常に衝撃的だったのではと思います。女の二分法…女には売春婦とそうでない一般女性という二種類の女がいるというものですが…その世間に通用している女の二分法に、被害者があてはまらなかったということがマスコミの目を引く意外性であったということだと思います。しかも彼女のやっていたことは、もちろんウソか本当かわからないわけですけど、報道によりますと、渋谷の町の売春街としても、高級でないさびれたようなところで、毎晩街頭に立って客を引いていたと。売春婦としてもかなり下の方にランク付けされる街娼だったというところが、売春婦だったということだけではなく、もう一つ男性メディアの目を引いたのだと思います。

「ふつうの女」以外の女への差別と反感

そういうことを考えながらすべての記事に目を通しまして…テレビの報道は全く見ていないので、ここでいう報道とはもっぱら活字になったものですが…、売春婦に対する一般的な差別感情がありありと出ているのと、キャリアの女性に対する反感が行間に満ち満ちているというふうに私は思いました。二種類の女性差別意識、つまり売春婦に対する差別意識とそれから男社会のなかで男と同等にのしていく、男を部下に持っているような、そういう女性は男にしてみたら気持ちよくない、そういう感情が如実に現れています。細かなところまでプライバシーをあばいているものほど、そういうものが読みとれるという感じがしました。

女の二分法＝「公益」

この事件の報道のされ方を問題にした弁護士グループが、マスコミ各社にどういう考え方でこの報道をしたのかという回答を求める申し入れをしたのですが、それに対して、マスコミ各社はいろいろ答えをしています。たくさん書いたところほど、何故書いたかという理由で、「現代人の病理を象徴している」とか「社会へ警鐘をならすのが目的」とかをあげていて、だから顔写真を載せたし、彼女のバックグラウンドを書いたと弁明しています。

私はこの弁解はまやかしだと思うんですね。何故まやかしかというと、だいたい社会に警鐘をならすということはどういうことなのか、ということは何も書かれていないわけです。彼女について細部までプライバシーをあばくことになっても、書いたことの正当化理由として一つ上げられているのが、彼女のやってた行為が売春防止法五条に触れることであったこと、例えば「週刊新潮」は「売春防止法五条に抵触する存在であったこと。つまり一般の市民が被害にあったケースとは状況が異なっている」というんですね。「日刊ゲンダイ」は「現代の社会状況、都会生活のひとつの側面と問題点を端的に示した事件であり、この特異な事件の背景と諸要因をひとつのメディアとして解き明かそうとすることは、社会への警鐘、問題提起という意味をこめて有益と考える。世間知らずの青少年ではない、大企業に一七年間勤める三十九歳の分別あるはずの女性が何故こういう事件に巻き込まれたかという観点から、経緯や生活ぶりを現代人である読者に伝えることは必要である」。テレビも「現代社会のひとつの断面としてとらえ、事実を追求することは公益にも合致する」といってます。これは「テレビ朝日」のコメントです。

女性のプライバシーをあばくことにいろいろな言い訳がいくらでも出てくるわけでして、私はここに書いてあるように「きわめて現代的な状況」とか「この事件を書くことは現在を書くこと」というような言い方で、男性が弁明することの意味はいったい何だろうかと思うわけです。つまり、彼らがみている今日的な状況というものは、女の二分法が崩れつつあることに対する何らかの危惧感がひとつあるのではないかと思います。例えば、売春についていろいろ記事にされるのは、いわゆる女の二分法からはずれた人が売春した時ですよね。主婦売春というのはテーマになるし、それから高校生売春とか女子大生売春とか売春の専業ではない人が売春をやったというふうに彼らが思った時には、それは大変おもしろおかしい記事になってくる。そこで、援助交際は、その延長線上にあるのではないかと思うんですけど、今度の事件については、最も売春婦と遠い存在であると思われていた女性がそうであったということで、二分法の崩れ方に対する衝撃度が非常に大きかったんじゃないかと、興味と戸惑い、反発というさまざまな感情、意識がないまぜになって、こういう報道になったのではないかと思いますが、基本には売春婦に対する差別意識があったと思います。

2 「池袋事件」からみえる売春女性差別

「池袋事件」について

次に池袋事件のことをお話したいと思いますが、ずいぶん前の事件ですよね。事件は一九八七年に起きています。東京地裁の判決は一九八七年十二月十八日に出ています。一審判決が懲役三年ということでしたので、控訴しました。高裁では懲役三年を二年に減らして、一審が実刑だったのを執行猶予二年を付けて軽くした判決です。それが一九八八年六月九日です。

判決文には、それぞれ主文と理由というのが書いてあります。同じ一つの事件についてどういう中身であったかということは、地裁のまとめ方と高裁のまとめ方で違っています。両方とも私の目から見ると大事なところが抜けています。買う男（被害者）がなぜそうしたのか、そのことについての判断がないし、そのことが量刑に考慮されていません。

今はもうホテトルという言葉はなくなったのかもしれないのですが、被告人となった女性はホテトルといって、ホテルに派遣されてそこで売春行為をしていました。ある時注文がきて、池袋のホテルに派遣されていくわけですが、そのお客は二十八歳の男性サラリーマンで、有名大学を出て一流会社に勤めていました。彼女はその時二十一歳だったと思います。彼女は中卒です。彼女はホテトルの事務所に所属していたのですが、注文があって、男が待つホテルに派遣されていくと、ホテルのロビーで落ち合って部屋へあがっていくのですが、男性の最初の印象はとてもやさしそうなサラリーマン風で良かったと思ったというのですね。エレベーターから彼女を降ろすときに、ちゃんと彼女を先に降ろしてレディーファーストみたいなことをしてくれる。また、ホテルのドアを彼女のためにあけてくれたそうなのです。

しかし、この男性はセックスそのものが目的というよりも、彼女をいろいろ性的に虐待して…彼はポラロイドカメラと普通のカメラ、それとなんとビデオカメラを借りてきて、それらを入れた大きなバッグを持ってきていて、その中にいろいろな道具を入れていたのですが…それを写真に撮る、ということが目的でした。そこで、部屋に入った途端に、男の紳士的だった態度は豹変し、ナイフで彼女を脅し、彼女に屈辱的な行為をさせたり、言葉を言わせたりし、それらをビデオテープに撮りました。最後には、この男のナイフで彼女が男性を殺してしまうのですが、ビデオが回り続けているわけですので、彼女がナイフを持って血だらけで逃げる､そしてそれを男が追いかける､というのがすべてビデオに映っていました。つまりビデオが目撃者になってしまったわけですね。ビデオテープが法廷で上映されて…傍聴人は外に出しましたけれど…裁判官、検察官、弁護人がもう一度見るということで証拠調べが行われた、という特殊な事件だったわけです。

「正当防衛」にならないの？

この事件では、正当防衛になるかということが問題になったんです。客の行為から身を守るために彼女はナイフを手にしたのではないかということを弁護側は主張しました。正当防衛になるのであれば、殺人には違いないのだけれど、彼女は無罪であると、そういうことになります。弁護人側は正当防衛を主張したのだけれど、裁判所は認めませんでした。

正当防衛については、「急迫不正の侵害に対して自分または他人の権利を守るために、やむを得ずにした行為を罰しない」という規定が刑法にあります。また、「防衛の程度を越えた行為は情状によって刑を軽くしたり免除したりできる」となっています。「防衛の程度を越えた」とはどういうことかというと、例えば相手が素手で殴りかかったのにこちらがナイフで反撃したという場合です。

正当防衛となるための要件の一つである「急迫不正の侵害」の方はある程度認められたのですが、ただ男がたまたま素手だったので…ナイフ持ってきたのは男なのですが…、問題の場面では彼女がナイフを握っていたので、防衛の範囲を越えた過剰防衛ということであって、無罪にはできないというのが二審の判決だったんです。

相手がナイフを持って殴りかかってきて、それにナイフで対応するというのは正当防衛になるんですけど、この正当防衛というのはどのような場面を前提としてできた理屈なのかというと、実は男同士が決闘するという場面なんです。対等な男と男の決闘なので、両者の力関係は同じであるということが前提とされています。そこで、本当に自分の命が今この時危ないというのでないとだめだということになるのです。しかもそれは防衛の程度が相手の反撃を越えるようなことではいけないわけです。もともと決闘ですから、同じ力、同じ程度の武器を持った男同士でやるものですから、そこで防衛の程度を越えた行為というのはルール違反になるわけですね。こういう場面を前提に正当防衛論は生まれてきたわけなのですが、池袋事件のような事件でも、正当防衛が認められるか否かを裁判所が判断する時には、この言葉通りにあてはめようとしますので、それが成り立つ余地は少なくなってしまいます。正当防衛論が前提としている両者の関係がここにはなかったことは無視されました。

売春女性には強姦は成り立たない？

正当防衛のことが議論になっている中で、検察官は、被告人には男を攻撃するという意志があったということを論告の中で延々と言っています。検察官の論告というのは裁判の時に、検察官が自分の方が立証すべきことを証明して最終的にまとめとして、この事件はこういう事件であるから、被告人を懲役何年に処すのが正当であると、求刑する時の主張です。

そこで、検察官は、「最初はびっくりしたかもしれないけれど、相手は自分が引き起こした傷にバンドエイドを巻いてくれたりして、『おまえの恥ずかしい姿をみてやる』とか『おとなしくすれば痛い目にあわせないから』などと言ったので、少なくともこういうふうに言った時には客の目的は猥褻行為にあって、彼女の生命、身体に危害を加えるつもりはないということがはっきり認識できた」と主張するのです。そして「被告人はこの意図を認識した時点で、それまで抱いていた、被害者が何をしようとしているのか分からないという不安感、恐怖感はなくなり、考えられるのは、猥褻行為に対する抵抗感だけだったと思われる」と言っています。その後で、「ところで被告人はそもそも売春行為を業としており、被告人にとってのこの抵抗感というのは、通常の性行為と異なるところの手足の緊縛、ビデオカメラの撮影に対するものであって、通常の女性が、見知らぬ男から同様の行為を受けた場合とは質的に異なるものである。そして被告人が業としているホテトル嬢というのはソープランド嬢と異なり、客のいるところに出張して、売春行為をするところにその特色があり、それは一面においてはソープランド嬢以上に不本意な形の性行為を要求されたりしてもそれを拒否することは困難な場所に自ら出かけていくことを意味するわけであるから、これまでそういうことがあったか否かは別としても…というのは彼女はこういう体験は初めてだと言っているので…そういうことの可能性のある職業であることは十分承知し、なお客の求める不本意な性行為等をも受忍した上でホテトル嬢をしているものと考えられる」と言うのです。

つまりホテトル嬢というものをやっているということは、こういうことが起こるということを自分でわかってやっているんだということをまず言っているわけですね。だから通常の女性だったら、そういうふうな猥褻行為に対する抵抗感はあるかもしれないけれど、あんたは、もともとそういう商売なんだから、そんな抵抗感なんて問題にならないよということですよね。

妻は被害者、売春婦は加害者

それから、「性的自由及び身体の自由についても、売春契約の締結により、性的自由を守るということの利益はすでに放棄されており、被告人はあくまでも業務の遂行行為として被害者の変態行為に甘んじるのであるから、被告人が不自由を感じており、そこからの離脱を望んだとすれば、それは右契約からの離脱を望んでいるに過ぎず、法的評価として保護に値するものではないのであって、すべての事実を最もよく認識していたのは被告人に他ならない」と言います。検察官の論告は、売春をやるということはもともと性的自由とか身体の自由についてはすでに放棄しているのだというのです。弁護側が、性的自由や身体の自由の侵害に対する正当防衛を主張したのに対して、検察は、それらを守るために彼女はそもそも防衛すべき権利を持っていないから、正当防衛など話にならないよと言っているのです。また、男の行なった「変態行為」についても後に黙示の承諾があったとみることができると言っています。

この論告は情状のところでこういうふうにも言っています。「原因はどちらであれ」…というのは、この事件ではさすがに被害者の客のやったことが、かなり悪いというふうに男性の検察官も認めざるを得ないわけですね。だから「原因はどちらにあれ、家庭に帰れば良き夫であった被害者の尊い生命を瞬時に奪ったものであり、被害者の家族の受けた精神的な打撃は計り知れず、その結果はあまりにも重大であり」云々とあり、慰謝の処置、つまり被告人の女性が奥さんに対して何も慰謝料を払ってないということを非難して「慰謝の処置が全く講じられておらず、反省の情も認められない。被害者の妻は最愛の夫を被告人によって突然に奪われ、その悲嘆は察するに余りあるものがあるが、被告人は被害者の遺族に対して何ら慰謝の措置を講じておらず、さらに当公判において殺意を否認し、正当防衛を主張して自己の刑責を免れようとするなど反省の色が認められない」ということで、懲役五年にするのが相当だというのが検察官の意見だったんです。そこで、ここで注目すべきは、妻への理解というのが必ず入っているということなんです。これは私は売春の問題を考えるときに一つのキーになると思います。妻は被害者、売春婦は加害者という構造が基本にある。それが検察官の論告です。

判決文から明らかとなる女の二分法

一審判決は、正当防衛にはならないという結論を取ったわけです。一審判決は、検察官は性的自由とか身体の自由を全部放棄したと言うけど、そこまで言うのは言い過ぎだというふうに言っております。しかし、結論としては正当防衛にならないというわけです。客の行為は急迫不正の侵害行為だったということは認めたんですが、被告人が反撃しすぎたので、防衛行為の程度を越えたと、殺さなくてもよかったではないか、もっと他の方法で反撃できたんじゃないかということで、ナイフで刺したのはやりすぎだったと言っているわけですね。

それと、ここでみるべきものは、判決がホテトル嬢という職業をどのように理解しているかということです。「本件は被害者の常軌を逸した行為がその大きな原因となっていることは否定できないが、そもそも被告人が売春のため本件ホテルに赴いたことにもその原因がないわけではなく、ホテトル嬢という職業がもともと見知らぬ男のいるホテルに出かけていくものだから、どんな男が待っているか分からず危険なことが起こってもそれは自ら招いた危難だ」と、だから自分のせいでそうなったと言うんですね。ホテトル嬢がいくら誰がいるかわからないところに行くからといって、人の家に出かけていって訪問販売するというのは、別にホテトル嬢だけでなく他にもいろいろありますよ。例えば家電の修理とかでも、みんな人の家にあがってするわけですが、そこで何か事件が起きた時に、知らない人の所に行くんだから、予想外のことが起きても何かあった時にそれは自らが招いた危難だと言うでしょうか。そんなことを言いませんよね。ただ本件はホテトル嬢という職業のせいで「自らが招いた危難」ということが言われているわけですね。

判決は論告と同じように被害者の妻に同情を示しております。で、これは一審判決の方ですが、被告人がやったことは悪質だと、そして「その結果も未だ二十八歳の被害者の生命を奪ったものであって重大であり、突然夫を失った妻をはじめとする被害者の遺族が受けた精神的衝撃もきわめて大きいものだった」、それなのに慰謝料も払ってない云々と書いてあるわけです。彼はたまたま既婚者だったものですから、突然こんなことを起こされた妻は大変かわいそうであると。夫が突然死んだのだからそうなんですけれど、この場合でも被告人と被害者の妻という女性、非常に鮮やかな女の二分法に女性二人が登場するわけなんですけれど、判決は明確に二分法の妻の立場に立って事件を裁いているということが言えるのではないかと思います。この奥さんは新婚間もないということもあって、非常にかわいそうだと考えているようです。なぜ、彼がこのような死に方をしたかというそのことは捨象されています。

女の二分法を肯定する裁判所

二審判決は、一審判決が懲役三年の実刑だったということで、それを破棄して執行猶予を付けました。二審判決は一審判決が使っていない言葉でもっとはっきりと女の二分法をとっています。「被告人は自らの意志によりホテトル嬢として四時間にわたり売春することを約して客から高額の報酬を得ており、原審検察官が主張するように、これにより被告人が性的自由および身体の自由を放棄していたとまでは言えないが、少なくとも客に対し通常の性交およびこれに付随する性的行為は許容していたものと言わざるを得ないから、被告人の性的自由および身体の自由に対する侵害の程度についてはこれを一般の婦女子に対する場合と同列に論ずることはできず、相当に減殺して考慮せざるを得ないことなどの事情がある」と言っています。

この判決を法廷で聞いて、私はとてもびっくりしました。「一般の婦女子に対する場合と同列に論ずることはできず」というのに、えっと思ったんですけれど、それを聞いた時に聞き間違えたのかなと思いました。だって、建前の世界の裁判所ではちょっと言うにははばかれるようなことで、女には二種類あると、売春婦は一般女子と違って、売春婦の性的自由とか人権は少なくていいんだと、そういうことを裁判官がはっきり言うことにとてもびっくりしました。その時は、私が聞き間違ったんだと思ったほどで、後から判決文を読んで、やっぱり私の聞き間違いではなかったということを確認して、がっくりしたというか、ああ、こういうふうになっているのかと思いました。

もう一つ一審判決が言っていることは、「被告人が売春をするためにホテルに赴いたことが本件のきっかけをなしていることなど、被告人の刑事責任を軽視することを許さない事情がある」と。ところが、一方では被害者の常軌を逸した行為が原因の一つとなっていると、原因を作ったのは被害者だと言っているんですけれど、そもそもこういうふうな形で女性を買って、こういう行為をするということについてはどう考えるか、つまりそこの責任を非常に重いとすれば、そのバランス上、被告人の刑事責任は軽くなっていくということにならざるを得ないが、そのことについては全く触れてないということなんですね。

池袋事件というのは、裁判所が売春をする女性についてどのように考えていたのかということを、とてもストレートに表明した事件でした。おそらく、これを書いた裁判官は「一般の女子と売春婦は違うんだ」と言ってしまったことについて、女性の側から批判があるということは、予想もしていなかったんじゃないかと思います。私たちはこれをさんざん批判したんですけれど、彼らにとってはそれはごく普通の考え方なのであって、何でそんなことがおかしいのかということになるのだと思います。裁判官は「社会常識」に従って判断をしたということでしょうか。

3　売春婦差別を必要とする社会構造

結婚の意味

この判決に非常にはっきりと出てきた問題点、つまり売春婦を差別するという考え方はどうして生まれてきたのかということです。私は、なぜ社会がこれを必要としているのかということを考えたいと思います。

いろんなことがここでは言えるのではないかと思うのですが、論告や一審判決、二審判決を読むと、裁判官や検察官が、殺された男の妻に対して非常に同情的であることがわかります。どうも、売春という問題が、結婚という制度、もっと言えば結婚を特権化しているということと非常に密接に関係していることは意識していたと思います。しかし、裁判官は、売春婦は結婚制度（ここでは、妻）に危害を加えるものと考え、裁判官はすごく素直に、妻がかわいそうだという言葉が出てきたのではないかと思われます。ところで、「結婚」と言うと、ちょっときれいに聞こえるのですが、中身をつきつめてみると、結局、特定の相手とセックスをすることを国に届けるわけですね、法律婚というのは。結婚届にそんなことは書いていないのですが、要するにそういうことですよね。ですから特定の相手とセックスすることを国に届けるということについて、なぜ特権が与えられるのかということではないかと、私は思っているのです。何だか身も蓋もない言い方なのですが、ことの本質は何なのかということを考える時に、このことは考えてみてもいいのではないかと思います。

一夫一婦制の結婚の建前ということが売春と結婚の関係であるのではないかということです。一夫一婦制というのは建前としては夫も妻も拘束する制度なのですが、実際には制度を作ったのは女の側ではなく、制度を作った人というのは抜け道をちゃんと作っていて、力がある人、もっと具体的に言えば金のある人は、この拘束から抜け出ることがいくらでもできるわけです。そのことを、つまり他に女を買うということなのですが、そのことを支えるバックボーンとして、男性と女性の性モラルについて別の基準を課すといういわゆる性の二重基準、ダブルスタンダードがそこにあると思います。セックスも生殖もこの中で完結的にすませるというのが建前なんですが、その建前で人間が全部すむというと、どうもすまないということを男性はよく知っていたと思います。つまり本音は、一人の人とのセックスに拘束されたくないということです。それから、ずっと同じ人とやっていたらもう飽きちゃっていやだというのもあるでしょう。そこで、結婚の外でのセックスというのが当然必要になってきます。一夫一婦制を作ったことが多分、人間とセックスの本音の部分と合わないところがあるんじゃないかと思います。ですから、結婚の外でのセックスがどうしても必要となってくると、性的快楽を許容せざるを得ない。そうすると、この需要を満たしてくれる人が必要になるわけです。つまり、売春婦と呼ばれるセックスサービスを提供する人がどうしても必要になってくる。よく言われるように、売春とは一夫一婦制の結婚の補完物というかコインの裏表だという状況になってくるのではないかと思います。そこで、今、性的快楽の許容というふうに言ったんですけれど、私は性的快楽というのを、いわゆる身体的な意味だけの性的快楽ではなく、その中には支配的な欲望というものも含まれてくるのではないかと思います。

法律婚は誰にとって「おいしい」か？

法律婚というのは誰にとって、どういう利益があるのでしょうか。一般的には女性も法律婚で生活が保証されるということで、利益があるというふうに考えられているのですが、本当にそうなのだろうかと私は思います。日本の法律婚の実態をみますと、女性差別の保証ではないか。あるいは、性別役割分業の行われることの保証ではないかと思うのです。したがって、男性にとって良い制度ではないかと思います。

どういうふうにいいかと言いますと、例えば、建前ではセックスは婚姻の中だけに囲い込むということになりますよね。それは、婚姻の中のセックスに特権性を与えるということなんですよね。その結果、婚姻の中での夫による強姦を犯罪というふうに考えないということになるわけです。ひとりだけで満足している人へのご褒美として、妻にならば何をしてもよいと。多分、結婚の中の強姦を許しているということを支えている思想的な問題ではないかと思います。そこで、それがセックスにおいては女に何をしてもよいというふうにつながっていって、例えばそれを具体的に実行したのが、池袋事件で殺された男性というふうになってくるのではないかと思います。ポルノが盛んに送っているメッセージとは、このことではないかと思います。

結婚の中に性を囲い込むためにどういうことをするかというと、婚姻外でそれをする者を制裁するという方法を取るわけです。私は、それが売春婦を処罰するということではないかと思います。ところが、これは非常に不思議なことに、処罰されるのは女なんですよね、男が処罰されるのではなく。男に婚外の性のチャンスを与えた女が悪いということでしょうか。相手となる女を処罰するということになるのです。これは、表向きは妻の利益を害するということです。婚姻の中に性を囲い込みながらも、男には婚外の性を楽しむことを許すという、本音と建前の使い分けでしょうか。もう一つは夫が婚姻外で、売春婦でなくても性的関係を結んだときに、愛人に対する損害賠償請求ができる、つまり慰謝料請求ができるということで、婚姻外の性関係について夫の相手の女に対してペナルティを課すこと、私はこれは売春婦を処罰するということと全く同じことではないかと思っています。このようにして、婚姻内の性に特権性を与えるということになっているのではないかと思います。婚姻は、女性にとっては生活保証という形で一応メリットがあるということになっていますよね。女性にとっては生活あるいは社会的地位の保証ということも言えるかもしれません。しかし、それと引きかえに性別役割分業を押しつけられるなど、失うものも有形無形にあるということでしょう。

廃娼運動を支えた女たち

結婚をそのように特権的にすればするほど、婚姻外のものに対して禁圧が強くなるのではないでしょうか。詳しいことは藤目ゆきさんの『性の歴史学』（不二出版、一九九八年）をお読みになればわかると思うのですが、明治からあった廃娼運動、戦後の売春防止法の制定運動を、いったい誰が担ってきたかというと、良家の子女クラスの人たちなんですね。つまり、自分や自分の姉妹が売春婦になるということは、現実的にはまずないという人たちがやっていた。ということは、自分たちは特権的な婚姻の側にいるか、そこに間違いなく入れる、入れるのに入らないという人たちもいたかもしれないけれど、とにかくどっちかと言えば特権的な婚姻の側にいる人たちがやってきたわけです。そのため、彼女たちがやってきたことは、売春婦を非難することです。「醜業婦」という言葉があります。キリスト教婦人矯風会の人が発明した言葉らしいのですが、あるいは「賎業婦」という言葉を売春婦に対して当てるということもそうです。彼女たちは、売春婦が自分たちが安住している結婚制度に対して危害を加える存在であるというふうに認識しているので、これを守ろうという力がものすごく働いて、守るために売春婦は危険な存在である。そしてそれに醜業婦という言葉を付けることになっていったのではないかと思います。

売春防止法のできてくる過程のなかで、売春行為を全部犯罪とするという発想がありました。これに対しては、当事者の女性たちの強い反対運動もあって、できた法律は女性が勧誘するのでないかぎりは単純売春は違法ではあるけれど、犯罪行為として刑罰は課せられないというものになっています。お客を誘った場合は、誘ったという勧誘行為が処罰の対象になり、誘わなくて売春した場合は犯罪ではないということになっていますが、もとの法律案では売春すること自体が犯罪であるということで、刑罰の対象となっていました。婚姻制度への敵対行為である売春行為を犯罪とするというのは、醜業婦という発想からすれば当然なことなんですよね。

藤目さんの研究によれば、廃娼運動がある時期…廃娼というのは、公娼という制度をなくすのであって、売春をなくすという意味ではないのですが…廃娼運動が「純潔同盟」とかいうふうに名前を替えていくんですよね。「国民純潔運動」とかいう運動が起きてくるんですが、それはどういう運動かというと、もちろん「国民」の中に売春婦は入っていないわけで、公娼制度がなくなって国家的な管理がなくなると、いわゆる私娼というのにみんななっていくわけですよね。そうすると、その人たちをちゃんと管理して、国民の純潔を守る必要がある、とこういう考えだったと思います。売春婦は純潔を犯すものだと考えられていたわけですね。

そういうふうにやってきた人たちは、買う男の側に立っている。これは戦後にアメリカ軍の進駐があった時に、非常にたくさんの人が強姦されたりとか、基地のまわりに売春地帯ができるわけですけれど、その時に日本の女の人たちがどういうことをやったか、どこの女たちと連帯したかというと、アメリカのお母さんとか妻とかフィアンセとかに強い連帯感を示して、それであなた方の大事な息子を汚すこの女たちを取り締まる必要があると、こういう発想になっていくわけです。とても不思議というか、でも不思議ではないというか、藤目さんの本に非常に詳しく出ているのですが、中国で戦争している時なんかも、女性はそういう発想をしているようですね。こんなに大事に、無垢のものとして育ててきた息子が、中国に戦争に行って、そしてそこで売春婦なんかにひっかかってもらったら困るということなんですよね。そういう心情をあらわした手紙が彼女の本の中に収録されていましたけれど、そういうことではないかと思うんです。これは、売春防止法五条の思想の源になっているると私は思うんですけど、女性が客を誘惑するという発想なんですね。さっきのアメリカのお母さんと連帯したというのは、日本の売春婦である女性がアメリカ兵を誘惑するからけしからんということになるわけです。

売春防止法をつくった意図と発想

廃娼運動の女性たちは、敗戦後基地のまわりにたくさん売春する場所ができた時に、日本人の女性がアメリカ兵を誘惑することを憂慮しているんですね。売春婦となった日本人の女性の運命を憂慮するのではなく、アメリカ兵の妻、母、フィアンセに共感を覚えるということなんですね。そういう観点から日本の売春防止法を見ると、とても納得できるわけです。

作った人たちの考えは全然違うというか、本当は全部の売春を取り締まって、みんなをちゃんと犯罪者としたかったわけですが、それはいろんな反対があってできなかった。それで、五条の勧誘を犯罪とするというのは、誘惑するのがいけないという発想ですので、具体的に客に声をかけた女は悪いというところで一致してしまったということになったと私は思います。

女性もなぜ女の二分法に荷担するかというのは、廃娼運動とか売春防止法制定運動に一生懸命になってきた女の人たちに見られるように、結婚制度に対して危害を加えるものに反対するということなんです。ところが、売春の問題にちゃんと向かっていくと、婚姻制度の問い直しにいかざるを得ないので、やはり自分の立っている基盤が揺らぐのではという恐怖があるのではないかと思います。自分がそのことで恩恵を被っているわけですから、基盤が揺らいだら困るし、見たくない。だから売春が本当にはらんでいる問題を考えずに、売春婦を差別して切り捨ててしまって、向こうに追いやってしまうのではないかと思います。売春婦とそうでない私というふうに明確な線をひいて、自分は安全なこちら側にいるということで、問題は全部向こう側の問題で、あの人たちが悪いんだと、こういうことです。

売春防止法の一条は確か性行から、つまり性質と行いから売春をするおそれがある云々と書いていますが、それも、個人的な資質によってそもそも売春をするように生まれついている女たちがいるという発想があるわけです。これも藤目さんが指摘されていますが、二〇世紀のはじめには、優生学が廃娼運動と結び付くことがあって、売春婦というのは生まれつき劣性遺伝子を持っているから売春をするんだという研究が、結構まじめにアメリカでなされていました。日本でもそれを持ってきて科学的ということで、説得力のあった時期があるということです。

売春婦を差別する男たち

では、男性は、なぜ売春婦を差別するのでしょうか。それは、結局、女を二分することで利益を得ているからで、その利益を失いたくないからではないでしょうか。彼らは、女がみんな売春婦でも困るわけです。妻という者が基本的にいてくれて初めて、一夫一婦制の婚姻制度というのは成り立つわけで、女がみんな売春婦になってしまっては困ります。適度の数の売春婦というのは必要だが、適度を越えては自分たちの利益も失われるということなのでしょう。このような事情が、男性の売春婦差別と関係していると思いますが、売春婦を差別することによって、そのことの裏側として婚姻制度に入っているいわゆる一般の女性たちに対しては、その人たちは正しいというメッセージを送っているわけですから、「一般女子」におべっかを使いつつ、そこでの自分たちの利益を守るということでしょう。

私が不思議なのは、男は売春婦を差別するというか、例えば東電のＯＬ事件もそうですし、池袋事件の裁判官もそうなんですが、売春婦は男性が性的関係を持つ対象ですよね。にもかかわらず、自分の性的対象を侮辱するというのに矛盾はないのかな、とすごく素朴に思うんですね。相手は自分と対等な関係ではないから、相手から影響受けることなんて一切ないと考えているのではないでしょうか。つまり、買う客は、常に上位にいる。快楽のところで支配欲も入るのではないかと言ったのは、自分のコントロール下に女がいるということは、ある種、快感を呼び起こすわけですね。それも快楽の一部を作っているのではないかと思います。そして、縦の関係になっているから、相手の女性から自分が影響を受けるなんてことは起こり得ないわけですよね。ということは、横にならんだ対等な関係の時に、初めて与え合うという関係が発生するのではないかと思うのですが…これは大変図式的な話なんですが…縦の関係のなかで、つまり相手は自分より下の立場で被支配者で自分の性的奴隷ということになったら、その人が奴隷であるからといって、それと交わって自分が汚れるということは考えられないし、自分の支配欲も満たされると思っているので、売春婦を差別して侮辱するということと、売春婦を買うということが多分矛盾なくできているのではないかと思います。

未成年者の売春をどう考えるか
——法規制と自己決定

藤井誠二

はじめに　―性を語るということ―

今日、お話しすることは、試論として聞いていただければと思いますので、ご批判や意見を伺って、理論を成熟させていきたいと思っております。性の問題は個人個人で、意見がばらばらで、なかなか一つの意見にまとめあげることができないと痛感しています。その上、性の問題は、一種、「踏み絵」のようなところがあって、性をどのように語るかで、その人が問われる。それも、根源的に問われるというところがあります。男性でも女性でもそうですが、特に、男性が性について語る時は、とたんに人権というものを忘れる場合があります。昨夜も、ある新聞記者の友人と話していると、その友人が性の問題について企画を出すと、その上司が「なんだ、この問題は。俺はコンドームが嫌いだから、こんな問題、取り上げるな」と上司から言われ、企画が却下されかかったりしました。そういうレベルのジャーナリストがいるのです。でも、その上司はジャーナリストとして有能であるとの評判を得ている人です。このように、性の問題となると、とたんにその人の本性が出るということがあります。女性の記者が警察の取材をする場合も、警察官の官舎を訪ねることがありますが、その場合も、酒をすすめて泊まっていくことを強要しようとしたり、話すこともセクハラっぽいことが多く、口では青少年の「健全育成」と言いながら、個人レベルでは全く矛盾する行動をとる人もいます。これから、社会の中で、もっともっと性の問題が大きな問題となってくると思いますが、性を語ることで、男も女も化けの皮がはがれていくのは非常にいいことだと思っています。

1　援助交際とは何か

八〇年代、テレクラがきっかけ

今日は、性の問題をめぐって、規制と自己決定ということを中心に話を進めていきたいのですが、まず、援助交際とは何かという話からしていきたいと思います。援助交際が始まったきっかけをごく簡単に言うと、一九八〇年代半ばにできたテレクラです。ＮＴＴが伝言ダイヤルサービス、そしてツーショットダイヤルがどんどん日本中に広がっていきました。一九八〇年代の終りには、東京でテレクラが九百数十件あったほどで、だいたい大都市圏の駅前に行けばテレクラが雑居ビルに入っているという状況でした。それが、一九九〇年代の半ばから現在に至るまで、その間、浮き沈みはありましたが、だいたい三回ぐらいのブームがありました。九〇年代の終りにはＮＴＴの伝言ダイヤルサービスが一日平均四〇万コールにまでなっています。

それから、Ｑ２のツーショットダイヤルが広がっていって、そのような「電話風俗」、これは宮台真司さんの造語ですが、つまり、電話コミュニケーションです。それまで顔を合わせたことがなかった不特定多数の男と女、男と男、女と女が、電話風俗を介して知り合えるようになる、そのようなものが下地にあります。それが今の援助交際に至る敷居を下げたのだと思います。

最近の援助交際のパターン

あとは、街頭です。町を歩いていて、直接声をかける。九対一で男側から声をかけますが、一ぐらいは、女子高生の方から声をかけています。東京で、夜の渋谷のセンター街、東急百貨店の前で、声をかけられたりというのは実際あります。女子高生が電話ボックスに入って電話をしていると、おじさんがすっと寄ってきて指で三とかってガラス越しにやっている姿も見られます。値段ですね。女の子は、そのうち交渉をはじめ、そのうち二人でどこかにいくということもあります。周りからはおじさんが交渉をしているのがわかるのですが、構わずにやっています。また、公園にたむろしている女子高生を目当てにおじさんが公園にいっぱい行くようになりました。中には、女の子に全く縁のない息子を連れた中年の男性が女の子に声をかけ、息子をよろしくとお金だけ置いていくケースもあったそうです。女の子の方は、そんな男いやだと帰っちゃったそうですが。そういう交渉を最近は公衆の面前で平気でするようになっています。

また、最近は、プリクラですね。プリクラが置いてあるゲームセンターに、シールなどが貼ってあるクリップボードがありますが、そこに自分のプリクラシールに自分の携帯電話の番号を書いて貼っておいて、かかってきた人と交渉するというのも最近増えています。

そして、多いのは、「紹介」です。例えば、自分だけだったらおやじの数が多すぎるので、自分の友人に紹介したり、デートはするが、体は売らないという女の子もいますので、売春ＯＫの友人にその人を紹介するなど、いわゆる仲介業をやっているというケースも多くて、これは、児童福祉法の淫行斡旋にひっかかるということで、各地で、女子高生が摘発され、書類送検されています。このような形で八〇年代からの電話風俗に端を発した、女子高生の売春というか、性的アルバイトというか、性の販売というか、広い意味での性的コミュニケーションというものの広がりが現在に至っています。

伝言ダイヤルからダイヤルQ2、そしてデートクラブへ

では、女子高生や中学生が最近になって性を売りはじめたのかというと、そうではない。すでに八〇年代の半ばから終りにかけて、買売春というものが摘発されています。八八年、八九年には、福岡県の筑後市とか茨城県や埼玉県の方で、女子中学生、高校生、専門学校生の売春組織といったものが、三〇人、五〇人、一〇〇人といった単位でできていて、テレクラで知り合った男に売春をしていたということが事実として出てきています。当時から特徴的なのが、バックに暴力団員がいてあやつっているだとか、テレクラが組織的に売春を斡旋しているとか、そういうことではいっさいなくて、彼女たち自身のネットワーク、学校であるとか、地域、繁華街で知り合った子たちが自分たちでネットワークを作って売春に乗り出していったということが、八〇年代終りには、事実としてあったわけです。

それが今に至っているわけですが、それまでにはいろいろな現象がありました。伝言ダイヤルが始まったあと、ダイヤルＱ２が始まりました。これの大半がアダルト番組で、一時は、社会問題にもなったのですが、これを子どもが家からかけて一日中聞いていると、電話代が月に五〇万円くらいかかってしまいます。ある日、請求書を見るととんでもない

金額になっていて、支払い不能に陥って、社会問題化したということは記憶にあると思います。あれは、実際はまります。私も最高で、そうはいっても四万円か五万円まででしたが、金額が増えてショックを受けたことがあります。かけまくっている奴は僕のまわりにも五、六人いまして、月に二〇万円以上ダイヤルサービスにかけて、家が電話を使えなくなってしまったという家があります。これは、結構、身近なところで起こっているという実感を当時もちました。

その後、九〇年代に入って、「女子高生ブーム」というのができてきます。同時に、女子高生デートクラブというのが東京周辺で出てきます。八九年に最初の一号店ができるのですが、その頃は、食事をするとか、お茶を飲むとか、そういう程度だったのが、九〇年代半ばから現在に至っては、デートクラブといえば、だいたい買売春目的で女の子も集まってきて、お客さんも行くというスタイルに変わってきました。

ブルセラショップ

それから、ブルセラブームというのも九二、三年から現在にかけて起こってきます。最初は、それはもともとマニアのものでした。どんな世界にもマニアはいまして、例えば、人妻の身につけたものに興奮するとか、一部の同性愛のマニアの方でしたら、男子高校生が着た汗クサイ、ジャージが好きだとかありまして、そういうマニア向けショップというのは、いつの時代にも地下的な存在としてあったのですが、それが一気に表の世界に出てきたということです。

ブルセラショップは、多いときには都内に四〇軒ありました。今はどっと減って、その半分以下になっています。最初は女子高生の中で、口コミで広がっていきます。あそこに行けば靴下一足千円、パンツは一枚二千円で買い取ってくれるらしい、というふうに口コミで広がっていき、どんどん女子高生が売りにくるようになりました。ブルセラショップに行くと、双葉女子学園であるとか、人気のある女子高生の制服が並んでいて、一〇万円とか二〇万円とか値段が付いています。他のものはソックスであるとかパンツはビニール袋で固く密封されて、匂いが逃げないようにされています。中には、写真付きのものがあって、私がはいていましたっていう証明書付です。それは高いです。また、陰毛やシミのついたものは値段が倍ぐらいします。それは、真っ先に売れていくようです。女子高生だけでは間に合わないので、店の方では専業主婦の奥さんたちに頼んで一日二、三〇枚のパンツをはいてもらって、それを段ボールで送ってもらう。それを女子高生がはいたと銘打って売ったりしていました。これは、お店の人も認めている事実です。

女の子たちが大勢売りに来るようになると、今度はビデオに出るようになります。パンツよりお金になるよとお店の人から誘われて、最初は、写真なんですが、スカートをめくりあげるとか、足を広げてパンツを出しているところを、一万円とか二万円とかで撮る。

それから、ビデオ出演にまでいきます。これも、最初は着替えるシーンだけだったのが、次はオナニーのシーンやバイブレーターを入れているシーンになり、次は、店の奥に行って店員とセックスをするところを8ミリビデオにおさめて売るようになりました。そのような女子高生の地下物というのはブルセラショップで膨大に作られたようで、レンタルビデオのアダルトコーナーには、女子高生の裏物、地下物が並んでいます。それは、アダルトビデオの業者が撮ったものもありますが、ブルセラショップで撮られたものも結構あるというのが現状です。

2　援助交際という現実

売春を非行として捉えるのは時代遅れ

警察庁が一九九六年に発表したデータを見ると、売春で補導した十九歳未満の女の子は、九五年に比べて二倍、その前に比べて五倍の伸びを示しています。特に伸びているのは十九歳未満の女の子で、減っているのは二十歳以上の女性です。要するに低年齢化して、十四歳から十七歳の女の子の売春補導が激増しているということです。そのほとんどが非行歴がゼロということです。つまり、ごく普通の女子高生や女子中学生が補導されているということです。

こういう状況を見て、規制をしなければならないという話になっていくのですが、そういう援助交際をする女子高生が増えたのと同時に、いろいろな事件が起きてきます。もちろん、テレクラ同士の抗争とかもありますが、テレクラのティッシュを配っていたのを抗議した老人がテレクラの店員に殴り殺されたり、決定的だったのが、九五年に起きた女子中学生がテレクラで知り合った男に連れまわされて、神戸で殺され埋められてしまうという事件が起きたことです。このようなことから、テレクラなりツーショットダイヤルが非行の温床であるとか、犯罪が起きる温床であるという社会的認識が高まっていって、一気に規制へと動いていくわけです。

ここで押さえておきたいのは、実際には、どれくらい、女子高生なり中学生の売春があるかということです。大阪は東京と同じくらいの都市圏です。全国でどれくらい売春をやっているかというデータはありませんが、東京都が九六年の夏にとったアンケートでは、都内の女子中学生、高校生一、三〇〇人が対象でしたが、中学生だけでもテレクラに電話をかけたことがある子が四人に一人で、高校生になるともっと増えます。援助交際の経験があるのが、一、三〇〇人の調査で四〇人に一人です。これはクラスに一人ということになります。しかし、これは都立の学校を中心に学校でしたアンケートです。先生に協力を求めて、教室で行っています。やっている子どもたちは、そのような学校でのアンケートに無記名とはいえ、書かないと思います。ですから、この数はもっと多いと考えた方がいいと思います。いろいろなデータを合わせると、一〇人から二五人に一人の割合で、地域や学校差はあるでしょうが、クラスに二~三人と考えておけばいい。東京都の平均は、そのぐらいの割合だと思います。テレビ番組で、特定の、例えば、渋谷のセンター街に立ってアンケートを無作為にやっていくと、だいたい五人に一人は援助交際やってますという子が、明確には答えない子も含めるといいます。だから、センター街のような街に目を移すと一気に援助交際率が飛躍的に上がります。

援助交際については、その数が多いか少ないか、びっくりするべきかどうかということもあるのですが、テレクラや伝言ダイヤルを聞くと、全部が全部、女子高生の売春コールかというと、そんなことは決してありません。全体のだいたい二割ぐらいです。残りはOLや主婦売春です。特に、今、主婦売春がものすごい数で増えています。したがって、多くは、もっと年齢の高い人々の売春コールが入っているというのが現実です。

援助交際をする動機

援助交際をするのにはいろいろな動機があります。僕もいろいろインタビューをしてきました。その動機をいくつか話してみたいと思います。一つは、もちろん、一〇人が一〇人お金と言います。聞けば、ブランド品が欲しいとかおこづかいが欲しいからという答えが返ってきます。しかし、それは表面的で、お金がいわば、口実になっている場合がありま す。もちろん、お金が欲しいというのを前提としながらも、学校以外で男の人と知り合いたいとか、社会を知りたいというコミュニケーション願望があります。これは、今の高校生には、同い年の男の子よりもっと年上で、お金も持っている男と知り合いたいという願望が強くて、私がインタビューなどでお世話になる女子高生たちも、だいたい二十代後半から三十代の男性を彼氏に持っています。同い年の男の子は、彼女たちからすると、幼すぎて付き合いたくないと言います。女の子たちには、他の男性と知り合いたいという願望、コミュニケーション願望があり、実際、援助交際から恋人になったケースや、そのままずるずる付き合っているケースなどもあります。

変身願望というか、自分は普通の女の子ではない、ダサイ優等生じゃないことを自分で確認したいというタイプもいます。そういう願望を持ってしている子もいます。罪悪感はあるにしろ、私だってこれぐらいできるという自己納得をするわけです。それから、精神的な反抗として、親や教師や彼氏に対して行うこともあります。たとえば、自分のことを日常的に縛っている彼氏に対してムカツクことだけでなく、心理的に反抗するというタイプです。

お金なんですが、ブランド品が欲しいということだけでなく、友だちと街にいる時間、クラブにいったり、カラオケにいったりするのにお金がいる、つまり場所代としてのお金が欲しいというのがあります。それから、心理的反抗とつながるのですが、学校であるとか家に対して、なにかムシャクシャするものを埋めるために、気晴し的にやるタイプもあります。また、純粋にセックスが好きという子もいます。これをいうと、そんな子はいるはずがないという人が必ずいるのですが、いろいろな男性とセックスをしてみたいという子も、話していくと中にはいます。テレビの番組の中でインタビューされた子が言っていたのですが、「誰かに必要とされたいから」という答えが返ってきていました。「必要とされたい」という願望は、村上龍さんの『ラブ&ポップ』という小説の結論でもあります。大都会の片隅で誰かが私を必要としているという結論に導いていきます。それも一つあると思います。

ですから、純粋物欲だけではないと思います。むしろ、純粋な物欲はＯＬであるとか主婦の人の方が強いのではないでしょうか。単純にお金が欲しいということではなく、いろいろな理由があると思います。

また、社会の中で純粋物欲というのが存在するかということもつきつめていけば、問題だと思います。フランスのジャンポール・リアールという人が、一九七〇年代、今から三〇年も前に、『消費社会の神話と構造』という本の中で、「必要から遠く離れた根拠なき戯れとしての消費が世界を被うだろう」とすでに言っています。要するに、モノやサービスや情報や私的財の増加によってもたらされた、過剰な消費と豊かさが引き起こす人類の生態系の根本的な変化を、私たちは時代として迎えているのです。今ははじけてしまったバブル時代にそういうことを謳歌し、経験してきました。そういう中での消費欲望というのは、「自分の欲望は他人の欲望である」ということになりますが、実際、その欲望の根源となっているものは一体何なのかということを考えれば、女子高生たちの援助交際の動機を、ただ単に物欲やお金ととらえて、消費社会の申し子だという感じで安易に批判するのは全くふざけているし、ずれている。自分自身の姿を顧みない非常に表面的な批判であると思います。

定着した援助交際

そのような動機と背景、時代的な流れがあって、援助交際は、女の子たちの間に定着したと思っています。そして、ますます確信犯化していると思います。援助交際のスタイル自体が変化してきています。これは、彼女たち自身の危険防止でもあります。どういうことかというと、テレクラで知り合って、そのままホテルに直行するというのは非常にリスクが高いことです。ラブホテルに入って、鍵がかけられた後、やさしいそうな紳士に見えた男が急に変貌して、○○組の暴力団員だと名乗ったりというのが結構多い。だいたい、そういう男は、金させ出せばなんでも自分の好きになると思い込んでいるケースが多いので、相手の意思に反したセックスをしようとします。この間聞いた例では、暴力団の名刺をちらつかせて、金を払わずに逃げたり、ベッドに縛りつけられて写真を撮られ、後で写真が送り付けられて脅された。その子は、陰毛をそられたり、燃やされたりもした。望まないSMを強要されたり、性病をうつされたりというパターンも聞いています。実際、インタビューで出会った十数人の女子高生のうち三分の一ぐらいが性病をうつされ病院に通っていました。そこで、そのようなリスクを回避するために、一人の人を何人かで共有する、いわゆる共有パパがあります。共有パパはお金を持っていて、非常に温厚で紳士でやさしくて、年齢もある程度いっていて、セックスもそれほど強くなくて早く終ってくれて、物もいろいろ買ってくれるというタイプがもてます。また、一回で終りではなく、半年とか一年とか、昔でいう愛人という形になって、援助交際を続けていくパターンがあります。これは相手の素性とかがわかりますので、女の子にとっては安全で、いいカモになります。

一方、男の方は何回も続けて会うと素性も知れるのでいやがる場合が多く、一回やって終りの方が、買う男にとってはいいのですが、女の子の方は、自分自身を守る防御策として長期援助交際、共有パパというパターンがでてきています。それは、売春に付随する性暴力であるとか性病を防ぐ、一種の技術であると言っていいと思います。

3　法規制の問題性

淫行条例とは

法規制については、いわゆる「淫行条例」というのがあります。各自治体の青少年条例内に規定された「淫行処罰規定」のことです。十八歳未満の青少年と「淫らなまたは猥褻な行為をしてはいけない」というものです。女の子がなんらかの形で補導され、その中で誰々からお金をもらってセックスをしたという話が出てくると、警察はその相手を特定するための内定を一ヵ月か二ヵ月くらいかけて、相手を探して、相手が結婚しているか、結婚を前提としていたかを調べて、相手を逮捕します。

わかりやすい例が、昨年十一月に千葉県の小学校の教頭先生が埼玉県のテレクラに行って、女子高生二人を相手に3Pをして、それぞれに一万五千円ずつ払って、捕まった例があります。それは、その女子高生が自動販売機荒しをやって捕まったことから、その子たちの携帯電話の電話番号を調べると教頭先生の番号が出てきました。そこで、先程の事実が判明して、教頭は逮捕され、懲戒免職となりました。この例にあるように、淫行条例が適用されるのは、だいたい女の子の供述、事情聴取からです。この淫行条例というのは、お金に関係なく（大阪府の場合は金品の授受としていますが、他府県ではありません）、当事者同士の合意であっても、十八歳未満の子と淫行すれば逮捕されます。十九歳と十七歳のカップルであっても逮捕されます。恋人であるか否かは関係ありません。過去の判例を調べると、実際年の近いカップルにも適用されています。このように、この条例は、ふとんをひっぺがして、他人のベッドの中にずかずか入ってくるような条例です。

淫行条例の運用例

女子高生と学校の先生が付き合うということはよくあります。これは佐賀県の例ですが、女子高生の親が二人の付き合いに反対し、警察に行きました。警察は本人どうしのことなので、たとえ先生と生徒であっても、本人同士が好き合っていればいいじゃないかと最初は言っていたのですが、あまりにも親の反対が強く、捕まえてくれというので、では淫行条例でやりましょうかということになって、淫行条例を使って先生を逮捕し、その先生はクビになりました。十九歳と十七歳でもあるのは、両方の親が反対して、二人を別れさせるために淫行条例を使って、警察に十九歳の男の方を逮捕させたという例もあります。事実が淫行にあたるか、結婚を前提としているかしていないかは、すべて警察が判断するのです。

青少年条例違反で逮捕されたら、どのような記事になるかというと、社会面にベタ記事です。たとえば、「埼玉県の浦和署は、16日、県の青少年健全育成条例違反の疑いで、県の公社の職員男性23歳を逮捕した。調べによると、男性は4月下旬ごろ、市内のテレホンクラブで知り合った女子専門学校生16歳と浦和市内のホテルに行き、淫らな行為をした疑い。男性は容疑を認めている」という具合です。これだけです。これだと、お互いの関係が何だったのかさっぱりわかりません。お金が介在していたのか、任意だったのか、テレホンクラブで知り合った後、どういう約束があってこういう行為に及んだのかなどはまったくわかりません。わかるのは、十八歳未満の子とエッチをして逮捕されたということだけです。

淫行条例の問題点

淫行条例で最も問題だと思っているのは、強姦のケースであっても単なる風俗犯罪として扱われる傾向にあるということです。強姦罪が適用されにくい状況の中で、十八歳未満の子どもに対しては、淫行条例を使ってセックスをしたという事実さえあれば相手を逮捕できます。これを聞くと、淫行条例は強姦罪が適用されにくい場合にも適用されるのだから、受け皿となっていいじゃないかという考える人もいるかもしれませんが、全くの逆です。強姦罪と淫行条例違反では犯罪の格が全く異なります。淫行条例違反は、風俗犯罪ですので、罰金一〇万~三〇万円程度ですみます。一〇万円支払えば、強姦犯であってもすぐに市民社会に出てきます。こんなケースがあります。十八歳未満の女の子が、通称ナンパ公園という公園にいたところ、男の子に誘われて車に乗り、シンナーを吸ったあげくに、一緒にいた男性数人に強姦されたという事件がありました。この場合、強姦罪は適用されにくいというのです。

つまり、強姦罪は合意のあるなしが構成要件として重要になってきますので、ナンパ公園にいたこと、車に乗ったこと、一緒にシンナーを吸ったことなどが合意であるために、その後の性行為についても合意が推定されてしまいます。ですので、警察としては、送検しても検察で強姦罪不成立の可能性が高いために、淫行条例違反で逮捕したというものです。十八歳未満の子どもに淫らな行為をしたということで、この事件は片付けられてしまいました。どう考えても集団レイプなのに。警察が、刑法の規定が適用されにくい事例に対して、淫行条例をもってくるというのは、ただの警察の努力不足だと思います。また、性暴力事件に対する裁判官や警察や、男社会全体の独断や差別の結果として、このような事例に刑法があてはめにくいだけです。

望まないセックスに関しては強姦罪を適用すべきであり、適用しにくいという現状の方が間違っているのだから、そちらを変えるべきだと思います。淫行条例は犯罪を隠蔽するという役割も担っていると思っています。

東京都の買春処罰規定はどこが問題か

東京都では、援助交際の現状などから淫行条例が必要ではないかということで、声があちこちから上がって、淫行条例を作るための請願書がたくさん東京都に出されました。その結果、東京都議会でなんらかの処罰規定を設けるべきだということになって、この一年間議論がされてきました。その結果、淫行条例というのは、「淫行」という定義自体もあいまいであるので、東京都ではやめましょうということになりました。そこで、出てきたのが、買春処罰規定です。その第一八条の二ですが、「何人も、青少年に対し、金品、職務、役務その他の財産上の利益を対象として供与し、または供与することを約束して性交または性交類似行為を行ってはならない」となっています。これだけだとわかりにくいですが、つまり、中学生、高校生を買ってはいけないということです。

運用の条件というのがありますが、それは別に定められています。どのようなものかというと、経済的利益の範囲については、金品、職務、役務です。それから、目的対価性について、性行為が経済的利益の獲得を目的として行われたという対価性が必要です。要するに、性行為がお金を目的として行った売春であるという条件が必要です。金品には、お金だけでなく、宝石や、ハンドバッグ、洋服などが含まれます。そういうものを買ってあげて、セックスをしてはいけないと書いてあります。しかし、交際に付随して支払われた贈り物や経費の負担は除外されるとなっています。要するに、十八歳未満の子どもと交際をして、その時に支払ったデート代や贈り物は処罰の対象となりませんということです。しかし、誕生日やクリスマスに贈り物をしてセックスをしたとします。この場合、処罰の対象となるのでしょうか、ならないのでしょうか。非常にわかりにくいところです。また、経済的利益が些末なもの、つまり安いもので対価性が認められないものは除外されます。はっきり言ってしまえば、これは相場の問題です。

いま、買売春が三万から五万円で行われています。めちゃくちゃ安い場合、処罰の対象とはならないのでしょうか。また、処罰の対象となる具体的行為として、デートをしたり、洋服の上から体をさわる行為は処罰の対象とならないとなっています。これを誰が判断するのでしょうか。非常に疑問です。東京弁護士会もこれには反対の声明を出しています。

こういうことを判断するために、細かな状況、その子の性体験やセックスの状況を聞いていくことになります。その過程で、警察によるプライバシーの侵害であるとか、セクシュアル・ハラスメントであるとかの問題が必ず出てくると思っています。実際、援助交際で補導された女の子の中には、パンツの色まで聞かれたと言っている子もいます。全く関係ないようなことまで警察で聞かれてしまうということがあるので、東京弁護士会もこれに反対しているのです。

他にも問題点があります。長期に渡るパパの場合はどうなるのか。その場合、ある時はセックスをするだけ、洋服を買うだけ、食事をおごるだけということがあります。また、この場合、月初めにまとめてお金が払われたりします。すると、この処罰規定は刑事罰ですから、いつ何時払った金が、いつ何時したセックスの対価として支払われたということを立証しない限り、これは適用できません。だから、恋人のように付き合っている長期パパの場合は、この規定は適用されにくいと思います。このように、東京都の買春処罰規定については、法内容の矛盾や運用上の問題などがあると思っています。

東京都が、この問題に関して中間報告を出していますが、そこに奥平さんという刑法学者の反対意見が載っています。私も基本的にこの奥平さんの意見に賛成です。彼が言っていることの一つに、人と人がセックスをする場合に、そこにお金がからむ場合は多々あって、人間関係は多様であると言っています。要するに、この消費社会において、あらゆる人間関係の中で、金銭が介在しない人間関係とはいったいどんなものか、その中に警察が入っていって処罰することが可能であるかに疑問を呈しています。例えば、結婚相手が金持ちかどうかを見極めて付き合うということは多々あります。私たちは生活の多くの面で、コスト・アンド・ベネフィットの計算に従って、人間関係を決定しています。それに、援助交際をしている子どもだけでなく、大人もやっている。大人同士の買売春も横行しているのに、子どもだけが問題となるのは、どういう法的根拠があるのかとも言っています。また、処罰論というのは、女の子たちが自己決定能力を欠いているから、その子どもたちを「救わなければならない」ということが前提としてありますが、子どもだからという理由で、性的自己決定能力に欠けると判断することが適切なのだろうかと疑問を投げかけています。十八歳未満の子どもも、それなりに「性的自己決定能力」を具えていて、その範囲内では成人と同じように性的な自由を権利として行使できるし、してもいいのではないか、と。

青少年条例はお金が介在しなければ処罰されません。しかしお金が介在すれば、いきなりその行為が「不純」なものとなり、売った側が「被害者」となって、買った側が「加害者」となり、女の子を「保護」しなければならないという発想になります。このような発想は妥当なのでしょうか。セックスをする時にお金が絡むことによって、それが「純正」か「不純正」かに分けることが、そもそも可能なのかを問題としています。

セックスにお金が絡むと、十八歳未満の子どもにだけ、性的自己決定能力が消滅してしまうという論理展開が説得性のあるものなのか。私が反対する理由もここにあります。

4 おわりに

援助交際をどう捉えるか

では、私たちはどうすればいいのかということになります。青少年育成条例は、売春や援助交際を子どもの非行だと捉えています。家庭や学校、人間関係に問題があって、本当はしたくないのに、非行に走ってしまっているというふうに捉えています。学校の先生もそう捉えていますし、多くの人がそのように捉えていると思います。しかし、私は、そうではないと思っています。彼女たちは、あくまで任意で援助交際に乗り出しており、確信犯的にやっています。彼女たちには、万引きなどの非行歴もなく、生徒会長をやっていたりする子も含まれています。これを単に性非行として捉えて、教育の問題としてのみ語るのは狭すぎると思います。もちろん、そのように考えた方がよい子も中にはいますが、それを全体とするのは、あまりにも捉え方が古すぎると思います。女の子たちは、任意で、自分の意思で買売春という行為に乗り出してきていると捉えた方がいいと思います。その上、これは、明らかに管理売春ではありません。フリーの売春、単純売春です。性的なアルバイトです。彼女たちは、買売春という性的自己決定をしているのだと捉えて、この問題を語ったり、考えたり、そのような子どもたちに対して発言する機会があれば、声を出していったり、していった方が的を得ているのではないかと思っています。

結局、彼女たちと向き合う時、またこの問題を語る時には、買売春は今どう捉えられているかを同時に並行して考えて行かなければ、彼女たちと向き合うこともできないし、彼女たちが引き起こしている現象も見えてこないのではないかと思います。よく、学校の先生たちと話すと、「彼女たちは寂しいから」「家庭に問題があるから」と言います。しかし、すぐ家庭のせいにするのは学校の先生の悪い癖で、では、いい家庭とは何なのですか。では、悪い家庭とは何かと聞くと、家族の間で会話がないとか両親がそろっていないだとかを挙げます。しかし、「まともな家庭」こそおかしいと私は思っています。よい家庭、よい父親像、よい母親像を演じようとして皆がそれに邁進したからこそ、家庭が壊れていったと私は捉えています。家庭にはどこかおかしいところがあって、その病気を認識して、それとどう付き合っていくかを考えなければいけないのに、健全な家庭という枠にはめようとやっきになっているように見えます。

また、学校で生活指導の男の先生が、援助交際をやっている女子学生に「そんなことしてはいけないじゃないか。親が悲しむぞ」と言ってみたところで、その先生は、先生対生徒という枠組みの中でだけ生徒と向き合っている。女の子が「私は売春をやっているのですよ。それがなぜ悪いのですか?」と聞かれるとどう答えるのでしょうか。この場合、先生は買売春が存在する社会の中で、女を買う側にいる男としての回答を求められています。

実際、多くの教師が買春をしています。すると、目の前にいるのは売る女であり、自分は、構造的に見て買う側にいる男として二人の関係が立ち現われてきます。その時、教師は、買売春について自分は一人の男性として、どう向き合っているのかを明確に言葉として証言しながら、その女の子と向き合わなければなりません。それを、非行問題とか教育問題、学校問題として捉えてしまうと、教師と生徒という関係でしか向きあわなくてすみますから、その問題の本質から逃げることができます。それはずるいと思います。買売春を正面から捉えて、その中で援助交際を位置付けることが必要だと思います。彼女たちは買売春という自己決定をしているわけですから、それを私たちはどう捉えて、どう評価して、どのようにそれに対して私たちがものを言っていけるのか、を考えなければなりません。

買売春をめぐる三つの論点

この問題を語る時に、いろいろな立場の人がいます。そこで整理しておかなければならないことが三つあると思います。一つは、低年齢のセックスをどう捉えるかということ。

二番目に低年齢の売春をどう捉えるか。最後に買売春そのものをどう捉えるかです。この三つを分けて考えないと混乱します。東京都で淫行条例を作るように運動してきた中心団体の一つに「母の会」というのがあります。これは警察に本部があって、平均年齢は六十五歳以上の女性たちで、公称三〇万人います。彼女たちは、女性は結婚するまで処女でいなさいと平気で言っている人たちです。もともと戦災孤児のケアから活動が始まって、駅前の白いポスト運動などをやっていた人たちです。「お父さん、おつかれ様、家に有害な物をもって帰らないようにしましょう」と言って、白いポストに雑誌などを入れさせて家に帰るというのを推進してきた人たちです。その人たちからみれば、青少年の買売春なんかとんでもない、低年齢のセックスなど認められないということになります。

性的自己決定能力という言葉をどう捉えるべきかということがあります。自己決定というと、とてもいい意味に聞こえます。しかし、自己決定というのは自分のことを自分で決めるということですので、そこには「売春をする」という決定も含まれるということです。援助交際をする自己決定もあるということです。ですので、自己決定をすれば援助交際をしないというものではありません。自己決定ができる子どもというのに、人権意識が高かったり、勉強して学習した子ども像を思い描いている人がいますが、そうではありません。性的自己決定にはいわば逆の自己決定もあるということです。単純に言うと、走っている電車のドアを開けて川に飛び込むという自己決定もあるということです。そういう自己決定を人間は根源的に持っているということをまず認識してもらいたい。自己決定能力を育てるという言い方をしますが、それは常に、一般的に考えられるようなプラスの方向にばかり働くとは限らないということです。玉石混合であると考えてください。

ここで、議論しなければならないことは、三つのうちの二つ、つまり、買売春そのものをどう捉えるかということと、低年齢の売春をどう捉えるかということだと思います。性の道徳や倫理に基づいて買売春はよくないと子どもたちに言うのではなく、日本は買売春天国であるという現実の社会があることを子どもたちと共有し、売春という自己決定もあり得るということを確認した上で、この問題を話し合っていかなければならないと思います。その上で、低年齢の売春が許容されない合理的な理由を探していくという作業が必要なのではないかと思います。

一つは情報の問題があります。買売春についてのハイリスクの面です。先ほども言いましたが、売春には性暴力が付随しやすいという状況、そして性感染症も起きやすいという現状です。また、交渉力の問題もあります。年齢差が大きいと、いわゆる買い叩きにあいやすい。また、自分にとって買売春が何であるのかを考えないまま、買売春に入っていくとその子にとってよくない結果になることもあります。年齢が低いとその危険性は大きいでしょう。そのようなことをオープンにして、議論していくことが大切なのではないでしょうか。

フロアーから

参加者：援助交際におけるリスクとして性暴力や性病感染をあげられましたが、妊娠中絶ということもあるのではないでしょうか？　妊娠中絶を彼女たちはどう考えているのでしょうか？

藤井：それによって、やめる子もいれば、やめない子もいます。それによって、避妊を相手に求めるようになる子もいます。一種の技術として身に付けていく子もいます。いろいろです。性病感染がきっかけでやめる子は、私の知ってる限りでは少ないですね。

参加者：『ラブ&ポップ』の小説を取り上げておられましたが、あの小説は、「君のことを本当に大切に思っている人がいるんだよ、それに気がつきなさい」という話で、それで、主人公は援助交際というかお金を得ることはやめます。あなたのことを本当に思ってくれる人がいることに気がついたら、あなたは売春などしないという論調が最近よく聞かれますが、その人のことを本当に大切に思ってくれる人は、その人の自己決定権を認めるのではないでしょうか？　私は、自分の自己決定によってセックスワークをしていますが、私のことを本当に大切と思って愛してくれる恋人も友人もいます。そういう人間にとって、あの文章は、私を大切に思ってくれている人の気持ちはまやかしであると言われているようで、とても不愉快になります。

参加者：今の日本は歴然として男社会です。その視点が抜けているように感じたのですが。援助交際をしている少女たちには無力感もあると思います。社会に出ても、たかだかしれているという現状があります。また家庭でも、一見、母親が実権を握っているように見えても、実は、経済力の面で優っている父親が、いろいろな決定において力をもっています。そういう夫婦関係をみるなかで、子どもたちがオッチャンたちから気軽にお金を得たいという心理が働いている面もあります。私は、子どもに沿ったところにいますので、社会の中の無力感が子どもに大きな影響を与えていると思います。処罰規定についての議論についても、中心になって動いているのは男性ですし、国会の中も男性ばかりで、男性の視点で物事が決められているということです。

参加者：未成年者の売春について、成人の売春とは一緒に考えられないと思います。私は、成人の売春については、それ自体を取り締まる必要はないと考えていますが、未成年の中でも年齢に幅があるので、未成年なら何歳でも売春はいいとか悪いとか、一律に決めることは難しいのではないでしょうか？　すると、未成年者を、もっと年齢別に区切って考えていくことなど考えられないでしょうか？

藤井：年齢も関係ありますが、売春の形態にもよるのではないでしょうか？　単純売春の場合、やはり危険は大きいと思います。池袋事件がその例だと思います。管理売春は、建物の中でやりますから、受付を通るなどチェックが入りますので、単純売春よりは危険は少ないと思います。だから、売春のスタイルと年齢の両方で考えていかなければいけないと思います。

参加者：今、議員立法の「子ども買春・ポルノ処罰法」で問題になっているのは年齢です。今の現行法では、十三歳未満は合意があっても強姦罪が適用されます。十三歳未満とのセックスは禁止されているということです。しかし条例は十八歳未満です。問題は、合意年齢の十三歳から条例や子どもの権利条約で子どもと定義されている十八歳未満までの子どもをどう考えるかです。

藤井：本当は、青少年条例というのは地方条例なのだから、十三歳未満と規定した刑法、つまり国法とぶつかります。法律の方が条例よりも上にあるのだから、本当は、法律を上回るような地方条例は存在してはいけないはずです。そういう議論は、最高裁でも少数意見としてあるのですが、現に存在しているのです。

参加者：ヨーロッパでは合意年齢と売春とか商業的行為ができる間に、また二、三年設けています。自分で自己決定できる年齢と、さらにいろいろな経験を積みながら、市場に出ていける年齢があります。

藤井：オランダの場合は、九一年に刑法が改正されて、十二歳から十六歳までのセックスについては、当事者、当事者の保護者や児童福祉機関などからの告発がなければ起訴されないとなっています。日本のように、当事者の意思に関係なく、相手方を処罰するというものではありません。こんなように諸外国では最近十年間で、いろいろ工夫がされてきていますが、日本だけがないということです。

参加者：なぜ、年齢で区切る必要があるのでしょうか？　三十歳の女性でも自己決定できない人もいれば、十代で自己決定できる人もいると思います。自己決定能力に年齢は関係ないと思います。

藤井：そういう議論はしていく必要はあると思いますが、実際、法律が案として出てきている段階では、その議論をしていくことは必要だと思います。刑法の十三歳未満だって、なんで十三歳未満なのかというと確固たる根拠はないと思います。ただ、権利は低年齢から認める方がいいと思います。

参加者：しかし、権利の行使には責任もかかってくると思います。特に、自己決定というならば、それは自己責任、自分が決めたことによって生じる結果を、自分で処理することができる責任能力も求められると思います。

藤井：自己決定、自己責任というのは正当な言い方で、基本ではあると思いますが、社会にはいろいろな人がいますから、自己決定、他者責任しかできない人もいるわけで、その場合は、まわりの人がケアしたりフォローしたり、また行政がお金や時間を使わなければいけないのであって、完璧に自己決定、自己責任だけでつきつめていくと、それではうまくいかない人もでてきます。

参加者：選択肢をちゃんと増やしていくこと。情報を出していくこと。どういう性交渉でこういう性感染にかかる危険性があるとか、それ以外にも、仕事をしていく上で、性暴力に関しては、こういうふうに訴えていくことができるとか、こんな場合は、こういう病院で診てもらうことができるとか。また、本当はしたくないのにやらざるを得ない人に対して、やらないですむようなプログラムを用意するとか、そういうことを考えていくことの方が、なんとか禁止というよりも、難しいけれども大事なことだと思います。

藤井：子どもの権利条約を例にあげると、東京都の今回の条例は、子どもの権利条約に性的搾取の禁止というのがあるから、この方向でいいという論理展開なんですが、それは間違いです。子どもの権利条約の搾取というのは、発展途上国の人身売買のような、本当はしたくないのにやらされるという子どもたちのことをイメージしているのであって、日本の場合とは違います。権利条約は処罰化を求めているのではなく、子どもの権利を認めながら、それが侵害された場合のケアーをいろいろ作っていきましょうということを言っています。ですから、子どもの権利条約に沿っていうと、東京都がやらなければいけなかったのは、相談機関をあちらこちらに設けるとか、情報を細かく出すということであって、今回の条例の制定の根拠として条約をもってくるのは、権利条約を読み違えていることになります。十年前の東京都の答申では、池袋や渋谷に相談所を設置する予定だったのに、それをいっさいやってきませんでした。それを今やれと言っています。今、私は東京都に対して、ティッシュを配れと言っています。それに相談機関の名前や電話番号を書いて配れと言ってます。テレクラのティッシュの横で配ればいいと言っています。今、宮台くんと藤井良樹くんと三人でティッシュを作ろうかと言っています。それが一番いいと思います。そういうことにこそ、税金を使うべきだと思います。

売春防止法が女性に与える影響

――風俗産業で働く女性たち

川畑智子

はじめに

「風俗産業とは何か」というタイトルで話すことになっていたかと思いますが、「風俗産業とは何か」というテーマは非常に大きなテーマですので、今日は売春防止法に焦点をしぼりながら、風俗産業の仕組みなり、社会的な構造、風俗産業の経営戦略などについて話しながら、この社会の矛盾点などをあげていきたいと思います。

今日は、私個人の主張として皆さんには聞いていただきたいと思いますが、私の立場を先にお話してから、本題に入りたいと思います。私自身は、売春を労働として捉えています。今日は、売春を労働として捉えるということが、社会的にどのような意味を持つかについて伝えることを一つの目的としています。売春防止法が、売春をする女性あるいは風俗産業で働いている女性に、どのような影響を与えているのかを中心にして話します。

売春防止法は一九五八年から施行され、当初から「ザル法」と呼ばれ、売春禁止になっていない、また買春者処罰が入っていないなどという不公平があり、そのような理由から「ザル法」と呼ばれてきた歴史がありますが、今日ここで言う売春防止法の影響というのはそれとは違う観点からお話しますので、そう言う意味での「ザル法」ということについては扱いません。

前提となっている私の立場ですが、買売春を社会現象として捉えるというのが、私の拠っている立場です。従来の視点には、一定の共通点があり、買売春という行為そのものや買売春をする人々に問題があるとする視点から、議論が行われてきました。

それを私なりに五つの類型に分けてみました。

一つは、買売春を「罪」と見る視点。性道徳や一夫一婦制それから宗教的理念に違反するという意味で「罪」だというものです。

二番目には、買売春は社会統制の手段と見る視点。社会で買売春はある種の機能をはたしているのだという視点です。これまでどういう機能をはたしていると見なされてきたかというと、かなり古い考え方ですが、性病の蔓延防止、強姦の防止、「社会の必要悪」、国家経済の発展（買売春という産業が国家経済に貢献する）というのがあります。タイがその例としてあげられますが、この国では買売春に対して黙認的な立場をとってきています。

三番目は、買売春を社会に悪影響をもたらす社会問題と見る視点。青少年への悪影響、周辺の社会環境の悪化、それから、売春があることによって女性の地位が低くされるのではないか、売春を労働として認めることはジェンダー・イデオロギーを再生産するのではないか、という考えもこの三番目の視点に入ります。

四番目は、買売春をいくつかの社会問題の結果と見る視点、いわゆる社会病理として買売春を捉えるものです。どういうものがあるかというと、貧困、都市化、それから教育の欠如。これは日本では今ではもう当てはまらなくなったかもしれませんが、日本以外の国々ではまだこういう状況はありますね。それから、社会的な差別。部落差別、性差別、身体障害者差別、いろんな差別があると思います。社会に出て、こうした差別のためになかなか職につけなくて売春、風俗で働く。失業。それから性暴力や、性的虐待の被害から逃げるために風俗で働く場合。戦争、天災。そういう社会問題の結果、買売春が起きているんだと、社会病理として買売春を捉える視点です。

五番目に、買売春を個人の性格的障害や精神的障害の問題として見る視点、つまり個人の問題として捉えるものです。例えば、「そこで働く女性は淫乱である」とか、「買う男性が悪い」、「変態だ」、とかいろいろとあります。ほかには、人が買売春する原因を病理的家庭環境、精神薄弱というように個人の問題に還元して捉えるものがあります。

この五つの視点というのが、従来とられてきた考え方です。これらの視点には、やはり買売春という行為は悪いのだ、それを行う人たちもどこかおかしいのではないか、といった共通点があります。

そこで、私の立場である、社会現象として買売春を捉えるという立場がどのようなものかと言うと、これまで語られてきた歴史を社会的産物の一つとして捉え、なぜ私たちの目に買売春が悪いものとして見えるのか、買売春に対する社会的に構成されたイメージをまず自覚的に捉えなくてはならないのではないか、という立場です。確かに今、買売春、風俗産業が存在し、そこでいろいろな問題が起きてきています。しかし、「だからこそ買売春はいけない」というのではなくて、なにが買売春を悲惨なものに転化させているのか、社会条件、それから構造、仕組みを見ていく視点、それが私のとっている立場です。買売春という行為、それから買売春にかかわる人々を問題化しない、さらに言えば、買売春の是非や原因を問題としない、という立場です。

1　売春防止法の目的と「性交」の定義

売春防止法の目的は、第一条に示されています。

第一条　この法律は、売春が人としての尊厳を害し、性道徳に違反し、社会の善良の風俗をみだすものであることにかんがみ、売春を助長する行為等を処罰するとともに、性行又は環境に照らして売春を行うおそれのある女子に対する補導処分及び保護更生の措置を講ずることによって、売春の防止を図ることを目的とする。

この第一条から、売春防止法は、単純買売春を禁止していますが、処罰の対象にはしていません。これは、第三者が「周旋」（買春の勧誘）したり、売春をさせたり、場所や資金の提供などをしたりすることを処罰するための刑事処分と、「要保護女子」の「補導処分」と「保護更生」とからなっています。ゆえに、「禁止法」ではなく「防止法」と名付けられています。更生保護相談室が全国二二都道府県の地方検察庁に設置されていますが、現在は東京と大阪以外は機能していません。現在更生保護施設に入所している女性は、ほとんどが夫からの暴力から避難してきた人々です。

では売春とは何か。売春の定義は第二条に示されています。

第二条　この法律で「売春」とは、対償を受け、又は受ける約束で、不特定の相手方と性交することをいう。

しかし、売春防止法で「性交」に関する定義は何も示されていません。

例えば、鈴木安一（東京地方検察庁検事）『売春防止法と猥褻事犯』（日世社、一九八五年）によれば、「『性交』とは男女の交わりすなわち交接をいう。従って男娼が行ういわゆる性交類似行為は『性交』とは言えない」とされています。

ここで言われている「性交」は膣ペニス性交を意味しています。しかし、最近私がある居酒屋のゲイのママから聞いた話では、新宿二丁目のゲイバーの経営者に対して、売春防止法が適用されたと言われています。これは、アナルセックスも「性交」のうちに含めたことを示しています。このように、なにをもって「性交」と定義するのかは、検察官、警察官個人の主観的判断に委ねられています。

2 「風営法」（風俗営業などの規制及び業務の適正化などに関する法律一九八五年）

風営法の目的は第一条に示されており、「この法律は、善良の風俗と清浄な風俗環境を保持し、及び少年の健全な育成に障害を及ぼす行為を防止するため」となっています。そして第二条には「この法律において『接待』とは、歓楽的雰囲気を醸し出す方法により客をもてなすことをいう」と書かれ、「接待」の定義はあいまいな表現となっています。

風営法の対象は次の二つです。

①風俗営業

1．キャバレー　2．待合、料理店、カフェー　3．ナイトクラブ　4．ダンスホール　5．喫茶店、バー　6．喫茶店、バーとなっていますが、敷地建物の面積で5と分けています。7．麻雀屋、パチンコ屋　8．スロットマシン、テレビゲーム機その他の遊戯施設

②風俗関連営業

1．ソープランド：「浴場業（公衆浴場法、一九四八年）の施設として個室を設け、当該個室において異性の客に接触する役務を提供する営業」　2．ヌードスタジオ、覗き部屋、ストリップ劇場：「専ら性的好奇心をそそるため衣服を脱いだ人の姿態を見せる興行その他の善良の風俗又は少年の健全な育成に与える影響が著しい興行の用に供する興行場（興行場法、一九四八年）」　3．モーテル（ラブホテル）：「専ら異性を同伴する客の宿泊の用に供する政令で定める施設を設け、当該施設を当該宿泊に利用させる営業」　4．アダルトビデオ、CD―ROM、性具（大人のおもちゃ）の販売貸出し：「店舗を設けて、専ら性的好奇心をそそる写真その他の物品で政令で定めるものを販売し、又は貸し付ける営業」　5．性感ヘルス、ファッションマッサージ（個室マッサージ）：「全各号に掲げるものの他、善良の風俗、清浄な風俗環境又は少年の健全な育成に与える影響が著しい営業（性風俗に関するものに限る）」ピンクサロン、「料亭」（旧遊郭）は建前上、①の「キャバレー」

か「料理店」に含まれています（客と女給の「自由恋愛」が建前となっていますが、実際は売春が行われています。しかし、現在のピンクサロンではフェラチオが行われています）。

これらの「風俗営業」、「風俗関連営業」には「性交」「性交類似行為」は行われていないことがタテマエになっています。

テレホンクラブ、デートクラブ、ＳＭクラブ、イメージクラブ、プライベートクラブは「風俗営業」、「風俗関連営業」に含まれていませんでしたが、東京都では規制の対象となりました。ホテトル、マントル（ホテルやマンションで行われる派遣型の売春）は売春禁止法で禁止されています。

都道府県の公安委員会から営業許可証（警察、税務署、保健所に届け出る）は店の見えるところに掲示することになっていますが、警察が見に来たことはないようです。

中には、営業許可証を得ていなくても、営業禁止区域（学校、図書館、官庁等の公共施設や福祉施設から二〇〇ｍ以内）以外で、店舗を設けて、看板を下げ静かに営業している場合は、黙認されているところもあります。例えば、歌舞伎町、渋谷、池袋の風俗店街には、届け出をしていない違法営業店が看板を連ねているところがあります。営業禁止区域では、営業は許可されないので、無店舗で（マンションの一室を借りて）秘密に営業している違法営業店が、渋谷、池袋の住宅街にあるマンションには多く見られますが、住民は知らないようです。例えば五反田にはマンションのビル全てがＳＭクラブの密集地となっているところがあります。これらについて警察は把握しています。

区域に関わらず違法に営業している店は、税金を納めていないので、届け出をしている店、特に個室マッサージ営業店から、白い目で見られています。たまにこれらの業者は脱税で検挙されることがあります。また合法違法に関わらず、売春防止法違反（周旋、場所提供等）、児童福祉法違反、職業安定法違反（暴行、脅迫、監禁により身体を拘束する、違法な仕事の紹介、労働者の募集・供給等）で経営者が逮捕され処罰されることがあります。この場合、大抵新聞記事となります。

「風俗営業」および「風俗関連営業」と売春を区別するのは、「建前」が成立するか否かの一点にかかっていると思われます。この『建前』で営業する限りでは、処罰されません。また、風営法は、あくまでも「風俗営業」及び「風俗関連営業」と定められた営業を規制するための法律であるため、違法であっても処罰の対象とはならず、警告・営業停止処分で終わります。つまり、風営法における合法・違法の区別は、単に「届け出」の有無による区別でしかありません。ゆえに、売春防止法にも、風営法にも適用されない風俗産業は、規制の対象とはならないということを意味します。そのため、東京都では、九七年八月十三日より、「東京都テレホンクラブ等営業及びデートクラブ営業の規制に関する条例」が施行され、テレホンクラブ、デートクラブ、ＳＭクラブ、イメージクラブ等、これまで風営法の対象外となっていた新興の風俗産業が規制の対象枠に入れられました。

現在の日本の風俗産業は、売春防止法で、「性交」を労働として行うことは禁止されているため、非「本番」産業が増加しこれが主流となっています（もちろん非「本番」行為もまた労働としては認められていないので、存在しないことになってはいますが）。これを規制するため、一九八五年には青少年の健全育成のための環境浄化対策を目的として新風営法が施行され、それまでの「取締法」から「指導法」へ変化し、「風俗産業」は全て警察の管理下に置かれました。

複雑な規制（例えば椅子の背もたれが何センチ、椅子が何センチと規定が細かい）があるため、一九八五年以降、無許可営業店が急速に増加しました。またマンションで無許可でする場合は、部屋代や設備代が安く店舗より経費がかからないのも増加の理由の一つです。

また東京都では、九六年六月から「風俗関連営業」の許可を与えないことを条例で取り決め、風俗店の数をこれ以上増やさない方針を取っています。そのため、それ以前から個人で営業するものは、一代限りで廃業しなくてはならなくなるため、法人化していくものと考えられます。これも無許可営業店を増加させている理由の一つですし、税金対策もあります。

（Q）法人化する場合、どんな法人になるのですか？

（A）現在法人化されているのは、例えば、先にあげた「風俗営業」で成功している経営者が社会に貢献したいと法人化し、ボクシングジムで有名になっているところもあります。「風俗営業」で届け出をして、グループ産業の一つとして「風俗関連営業」をするところもあります。

風俗店経営者は、膣ペニス性交を「本番」と呼び、特に届け出をしていない業者は、「本番」をサービスに入れず、また、従業員にも「本番」を厳重に禁止しているところが多いと言われています。これは、万が一警察に風営法で摘発された場合に、売春防止法が適用される危険性を事前に警戒しているためであると思われます。売春防止法が適用された場合、経営者は処罰されますが、その店で働いている従業員の女性は「被害女子」という扱いになるため、大抵、調書を取られるだけで終わります（最悪の場合は拘留される）。一九八五年の新風営法以降、警察の指導下におかれ、めったに摘発されなくなったと言われています（但し、営業停止期間が以前より長くなったと言われています）。警告を二回ぐらいしてどうしてもだめなら摘発するようです。

売春防止法違反通常受理件数（平成七年）の内訳によれば、第六条違反（周旋など）が最も多く、一六〇件（全体の五〇・七％）で、次に多いのが第五条違反（勧誘）の三一三件（全体の二〇％）です。第六条の対象者はポン引き、ひも（夫や恋人も含む）、やり手婆さん、ハイヤー運転手などです。第五条の対象者は街娼です。また街娼が「客待ち」で検挙される場合には囮捜査が使われています。囮捜査とは街娼が立ちんぼをしているところを、私服の警察官が通り、街娼が料金を示しホテルに入ったところで逮捕します。最近私が傍聴した裁判では、ある台湾人の女性が第五条違反で検挙され、彼女は警察官の方から誘った（いつもは警察官二人で行動しますが、その時はたまたま一人だった）と、法廷で争っていました。

今日、第五条違反で検挙される女性は、主に外国人の女性であり（例えば、平成七年度東京都の検挙人数一二五人中、外国人は一一九人）、起訴されると、大抵懲役四ヵ月執行猶予二年の求刑となります。しかし、不法滞在や観光ビザの外国人の場合は、起訴されたのち、入国管理局へ送られ、直ちに自国に強制送還されています。強制送還されると、日本の刑事処分は無効になります。その後一年間は日本に入国できませんが、また戻ってくる人もいると言われています。その他の日本国籍のある女性たちや、日本の永住権を持っている、あるいは日本人と結婚している外国人の場合は、調書を取られた後、求刑され、執行猶予で釈放される場合がほとんどです。再犯を防止するため、現在では罰金刑は適用されていません。

このことから売春防止法第五条は、売春防止法の本来の目的を逸脱し、街娼を意味もなく取り締まる機能として働いていることがわかります。また、第六条違反で検挙される人が、風俗店営業に関わる重要な人物ではない人々ばかりであることから、売春防止法が、街娼の周辺で生活する人々や街娼を取り締まるために存在していることがわかります。つまり風営法は、売春防止法による摘発から「風俗営業」及び「風俗関連営業」を保護する機能を果たしていると言えます。しかし、だからといって、合法の風俗店で「従業員」として働く女性たちもまた売春防止法や風俗営業法によって保護されているとは言えません。

3　売春防止法が風俗で働く（主に）女性に与えている悪影響――STD（性感染症）を中心に

風俗で働く女性が抱える問題

これについては、一九九五年に東京女性財団からの助成を受けて、私と浅野千恵さん、小野寺亮子さんと共同で行った調査（「性産業に従事する女性たちの労働権・人権に関する実証的研究」）があります。聞き取り調査から、以下の六つの問題点が見えてきました。

(1)　取材・肖像権の問題

(2)　健康・衛生の問題

(3) 非合法・客による暴力の問題

(4) 情報不足の問題―求人広告、面接、給料、店の情報、心理操作、性病感染の知識

(5) 孤立の問題

(6) 差別の問題―風俗で働いていることを隠す行為、客や店に対する不信感、働いている女性同士の不信感

以上の中で

(1) 取材・肖像権の問題では、風俗店にとって広告費はものすごくお金がかかるので、風俗雑誌の取材に応じるとお金をかけずにすみます。取材を受けた女性の写真が記事に載り、店の名前、電話番号があるとその女性を目当てに客が来るので、店にとっては女性たちにできるだけ「顔出し」して欲しいというのが心情です。中には半強制的に「顔出し」させられる所もあり、「顔出し」しないとチェーン店のはやらない所（客数が少ない所）に回されるところもあります。「顔出し」すると、結婚・就職の時ばれてしまうのではと心配になる、とのことです。

中には売れっ子の女性が辞めてしまってもそのまま写真を載せる店もありますが、店の方は客が来ても「今日は（彼女は）休み」と言って他の女性に頼めば損にはなりません。取材カメラマンからネガを返してもらったという人はいないようです。

(1) 健康・衛生の問題のほとんどが性病の感染に関してです。

・性病の感染

ほとんどの女性が最低月一回は性病検査を自主的に受けています。しかし、性病にかかったことがないという人はきわめて少ない。このことは、女性は客から病気をうつされていることを意味しています。店側は、客が性病にかかっているか否かを検査できません。女性は、客に性病をうつされないように努力していますが、限界があります。したがって「ハイリスクグループ」としてこれらの女性を差別するのは適切ではありません。

・コンドームの使用

客はコンドームを使いたがらない。例えば、ある人はコンドームを使い、ある人は使わないとしたら客は使わない方にいく。そのため、たとえ衛生管理に気をつけて働いていても、収入が低いと店で肩身の狭い思いをするので、自分もコンドームなしでやらざるを得ないと、半強制的な状況になります。

店の規制で拒否できないことになっているところもあります。また、経営者の中には「フェラチオなら性病に感染しない」と思い込んでいたり、大半は知っていながらコンドームを使用させていません。

あるピンクサロンの店長は、働いている女性は必ず一回は首のリンパ腺が腫れるので治療費がいるが、その山場を越えると免疫ができるから、一回目の治療費は出すが二回目からは出さないと言っていました。

中には、コンドームに対してアレルギー反応があるので使えないという人もいます。また使っていると周囲から「本番」をしていると誤解され、肩身の狭い思いをするという話も聞きました。

性病に対して敏感な経営者で、必ずコンドームを使わせている所も数は少ないがあります。しかし、それは例外中の例外です。

また、性病予防の知識や感染した場合の病院の紹介などを、積極的に行っている所はほとんどありませんでした。

・性病検査の費用

ソープランドでは、定期検診が行われているところがありますが、費用は全て女性の自己負担です。保険がきかないので検査費用は高い。例えば、吉原のある病院では、ＡＩＤＳ検査は七千円かかります。淋病、梅毒に四、五千円、クラジミア、トリコモナスに二、三千円でした。全ての検査をするには、合計二万円以上もの費用がかかることになります。保健所だともっと安く検査してくれます。

現在では、淋病や梅毒は少なくなっていますが、クラジミアやトリコモナスによる非淋菌性尿道炎が増加しています。女性は、月に一度一、二種類の性病検査を受けにいき、自己管理しています。

（会場から）病院では定期的性病検診はできませんが、症状を訴えると保険適用でしてくれます。でも何回も行くとばれます。一番いいのは自分だけの保険証を持って、主治医に自分の仕事を話し理解を得ることです。

以前、電話相談をしていて、病院を紹介して欲しいという人がいて、ある病院を紹介しましたが、医者側に紹介の許可を求めてもなかなか応じてくれない。これは、風俗関係の人が来ることが知れわたると、他の患者が逃げていくという不安があるからではないかと思われます。

（会場から）実際に、この病院は普通の主婦が来るところだから、来てもらっては困るといわれた人がいます。また患者が増えて混乱しても、断れない医者の立場もあります。

(3) 非合法・客による暴力の問題

客に暴力を振るわれたり、嫌がらせの言葉を言われたり、お金を盗まれたりすることがあります。「M女が縛られて強姦されて逃げられても、警察は取り上げてくれなかった」と言っていた、あるSMクラブの女性経営者によれば、M女は絶対にホテルに派遣させないで、マンションの一室を借りて何かあればすぐSOSを送れるようにしているとのことです（S女の場合は派遣でも大丈夫ということです）。

SMクラブは今回規制の対象になりましたが、マンションをレンタルスタジオにして、モデルを派遣するというタテマエの範囲内で行っているので、警察もどう対処していいのかわからないのだと思います。

(4) 情報不足の問題

風俗産業で働きたい人たちの求人広告雑誌があり、それを見て女性は仕事を探します。しかしその求人誌では、仕事の内容がはっきり書かれていません。例えばピンクサロンは、「フロアーレディ募集」と、ナイトクラブのホステスみたいな感じです。多分、法律に引っかかるからです。また、日給三万五千円となっているので、そんなに稼げないのではと経営者に聞くと、いくらでも働こうと思えば収入一〇〇～二〇〇万円になるが、それでは売春と明らかに判ってしまうからと言っていました。

また求人誌ではコンドームの使用状況についての情報は当然ありません。店に電話をかけたら、まず面接に来るように言われます。風俗産業で生活している人は、良い条件を求めて転々としているのが現状です。電話相談で、全員コンドームを使用している店を紹介してと聞かれましたが、情報がなくて紹介できませんでした。横浜で全員着用をうたい文句にして募集している店があるということは聞いたことがありますが。

(5) 孤立の問題

性病感染しても、自分の問題・自分の失敗となり、店はノータッチ。従業員の男性が相談にのってくれ、医者を紹介してくれるがどこまで本気かわからない。風俗で働いていることを秘密にしているので、両親・恋人・友人にも相談できない。全部自分の問題として処理しなければならないのが、辛い。その辛さを忘れようとして、アルコールや買い物に依存してしまったり、その結果、自己コントロールできなくなってしまうこともあります。ストレスはこの職業だけに特有なものではありませんが、認められていない仕事であるがゆえに、全てが自分の責任に転化されてしまうというのはストレスも大きいということです。

〈経営者の言い分〉

1. 性病は夫や恋人からもうつされることがあるので、風俗で働いていることが原因かは判断しがたいので、店の責任とは言えない。

2. 性病に感染するようなサービスは行っていないので、店のルールを破って女性が個人的にしたことが原因でそうなったのだから、店とは関係ない。「うちの店はお風呂屋さんです。入浴のお手伝い（背中を流すなど）をする所なのでそんなサービスは行っていません」と、あたかも、それは女性が個人的にやっていることであるかのように言っていました。

3. 女性はあくまでも個人事業所得者なのだから、自分がしたことの責任は自分でとるべきだ。経営者から見れば場所だけ作って、皆はここに自由に来て商売していくのだからという意味で、個人事業所得者と言っています。

〈風俗で働く女性の言い分〉

1. 個人事業所得者と認めるならば、店は場所を提供して、客引きだけ行っていればいいのだから、コースやオプション等の画一化されたサービスをさせて従業員扱いする権利はないし、場所代と客引き代以外に女性の売上からお金を差し引く権利もない（コースやオプションとは、店で決められていて、お客さんが今日はアナルセックスがやりたいと言えば、オプションとしてアナルと、まるでマクドナルドや31アイスクリームのようにセットものやトッピングという形式で、きわめて画一化された性的サービスが風俗産業によって形作られています）。

2. 店が治療費を全額負担するということになれば、強制的に定期検査を受けさせられる危険性が出てくるので、一部負担するくらいにして欲しい（近代の公娼制度は、性病の蔓延防止のために、女性たちに強制的に性病の定期検診を受けさせています。街娼は性病の蔓延の原因とみなされていたようです。これは、近代の公娼制度に逆戻りしたくないという女性の気持ちです）。

3. 費用を負担しないのなら、せめて性病予防の知識の普及や病院の紹介くらいはして欲しい。

〈建前と本音の狭間で〉

売春防止法によって、風俗産業には、建前上、「性交」あるいは「性交類似行為」（フェラチオやアナルセックスなど）は商品として存在しないことになっています。

そのため、女性の性的サービスは労働として認めておらず、あたかも本人がボランティアで行っている「リップサービス」か「自由恋愛」のような扱いとなっています。また、風俗店経営者側は、その建前を利用して、性病は起こり得ないとしています。そのため、性病に感染した場合、あくまでも女性個人の責任に転化され、風俗店経営者の責任は一切問われないことになっています。

さらに、この建前をうまく利用して女性を「従業員」扱いし、搾取しておきながら、「女性は個人事業所得者だ」と言って、搾取の事実を否認する道具として本音を利用しています。

このように、風俗店経営者は、この本音と建前の二重性をうまく利用して、自分の都合のいいように利益を上げ、女性は、その本音と建前の狭間で、自己の既得権益を発揮できずにいます。風俗産業にこのような本音と建前という二重性を成立させているのは、まぎれもなく売春防止法です。

そして、風営法は、風俗産業を保護する役割を果たしているといえます。

（Q）ほとんどの経営者が女性を個人事業所得者扱いして、都合のいいときだけ従業員扱いするのですか？

（A）インタビューした経営者は全員でした。

（Q）風俗嬢のネットワークを作るのは難しいと思いますがありますか？　又経営者のネットワークはどうですか？

（A）経営者がネットワークを作って、風俗産業社会を内部から改善していくというような考え方はないのか、と聞いたら、全員からそんなこと考えていないと言われました。「自分さえうまく儲かっていればいい」「他はつぶれて欲しい」「商売敵と協力するなんて考えていない」と。

（会場から）昔名古屋のヘルス店の経営者に聞いたことですが、定期的に経営者の飲む集まりをやっているのは、スカウトや他店の引き抜きをしないとの合意のためで、そこでは仕事の話はほとんどしないそうです。

（A）経営者の中にはいろいろな人とコミュニケーションを図っている人もいます。しかし、それは儲かるネタや警察の取り締まりの情報を得たいためです。あるイメクラの店長は、たまたま会合に来ていた某風俗雑誌の編集長が、「この子はＡＶでだいたい終わったから、今度風俗に入れればかなり儲かる」と、二十四歳のＡＶ女優を紹介してくれた、と言っていました。つまり、ビジネストークと情報交換の場としてあるわけで、風俗経営者たちで社会に向かって何か働きかけようという考えはないようです。

(Q) 風俗店と警察は裏ではツーカーと聞きますが、どうですか?

(A) 合法店はだいたい警察とツーカーのようです。二十六歳のある店長は知り合いの警察官から情報を聞き出していると言っていました。店のオーナーは捕まらず、雇われ社長や店長は捕まる危険性が高く、自分を守るために情報を仕入れてくるようです。

(会場から) 私の働いているSM店は老舗で、その地域にあるSM店はほとんどが姉妹店です。それは女性がきれいな仕方で独立するので、皆仲良くて「あそこの店が摘発されたのは、どういうことが原因でどこが問題か。チラシがよくなかったとか、女性の募集の仕方が悪かったから」等は、お金を払って客として来た警察官から聞いています。これは一例で前の話も同じで、全部がそうなっていることはないと思います。

4 売春防止法とは何なのか?

個人として働こうが、店で従業員として働こうが、売春防止法があるがゆえに、女性の仕事は、法的に存在しないことになっています。そのため、女性の仕事は労働としてみなされず、第三者にその立場を利用され、過剰に搾取されてしまうという仕組みになっています。女性は不当なことをされても、泣き寝入りせざるを得ない状態にあります。ゆえに、売春や風俗を性暴力・性的搾取に転化している要因の一つとして、売春防止法があげられます。女性の身体は常に他者の利益のために利用され、さらに違反すれば制裁を受けるという社会統制の対象になっており、国家によって管理されていると言えると思います。

売防法では女性同様男性の売春はないものとされているので、男性売春者は女性とは異なる意味で悪条件ですが、いまは男性のことは触れないことにします。

このように、女性が性的存在となることは、常に他者の快楽と利潤の追求の道具として存在し、かつ、「無価値な存在」でなければならないという規範が存在します。

（Q）「無価値」とはどういう意味ですか？

（A）法的に労働としてそれが存在しないことになっているという意味で、「無価値な存在」という言葉を使いました。

それゆえに、女性が自己の快楽と利益のために性的対象となることは、社会的制裁を受けることを意味するばかりでなく、女性自身が搾取の対象として、他者に利用されることに合意したことになってしまうのです（例えば、一九八七年の「池袋事件」）。そのため、女性は常に自己の身体を「性化」させないように防衛しなければならず、自己の身体の価値を高めるには貞操を守らなくてはならないように強制されているのです。そして、そこから逸脱した場合、制裁されてもそれは「自業自得」とされ、女性個人の責任に転化される仕組みになっています。この仕組みによって「娼婦」と「家婦」といった「女」が社会的に構成され、「女の分断」が生じるという皮肉な結果に陥ってしまいます。

（Q）管理された性風俗では例えば、時間が来て女性が戻ってこない時、何かされているのではと見に行くというのを聞きますが、個人でするのと違い、何かあった時守ってもらえるのと引き換えに搾取されるのは、ある程度同意している部分があるのではないでしょうか？

（A）女性が個人で単純売春をするのは危険が伴います。その危険から自己を防衛するために風俗店で働くことが、その代償として搾取されてもいいことに合意しているわけではないと思います。つまり部屋代等が一定額に決められていれば納得できます。ビジネスパートナーとして経営者の取り分を当然と思っても、仕組みそのものに満足しているわけではありません。

（会場から）私の場合は、客が払った金額の四五％が経営者（店側）、一〇％が客引きの従業員、四五％が私たちの手取りになります。何も知らず、何となく危険で守ってくれる存在としての、店かヒモが必要でしたが、そのことがいつも不満です。でも一人で働くのは危険ですから、解決策としては、ヨーロッパのように、働いている人たちが守り合って自衛していくのがいいと思います。

（Q）搾取の割合はどれくらいですか？

（会場から）私の働いているSM店では、店の取り分は一律一万円です。なぜ一万円かというと、SMクラブではM嬢の仕事の方が危険は高いし、体に傷をつけられる可能性がありますから、M嬢の手取り二万円、S嬢の女王様は一万円、客が指名すると店の取り分は九千円になります。客から指名料は取りません。

私はこの搾取の割合に満足しています。それは、送り迎えがついていて一契約の七〇分を過ぎると店から「大丈夫か」、「今迎えの者が来ているから出てくるように」と電話がかかってきます。もし縛られて本番されて逃げられていたら、身元が判っているので必ずオーナーが逃げた人をへこますらしいです。

それにSMに使う道具、ローション、コンドームすべて店が持っているので、搾取されている気はしません。

（会場から）私は大学の非常勤講師ですが、１コマで月に二万五千円です。同じ年代で常勤なら年収七〇〇万円で、私は三〇〇万円以下で差別されていると思っていますが、損得で労働条件の文句は言えない。非常勤は文句を言えば、カリキュラムがなくなりましたと切られてしまう。組合に入ったら職がなくなる可能性もあるので、躊躇しています。それがすごくしゃくです。また友人のフリーのアナウンサーは、結婚式の司会をすると、五～七万円ですが、フリーだと仕事がなかなかないし、結婚式場に入ると一回五千円です。客は司会料として五万円式場に支払うので、一〇分の一しか貰えない。風俗だけでなくいろいろな所で搾取はあります。

（Ａ）ある風俗店の広報担当者によれば、店と女性の取り分はピンクサロンで６：４、ソープランドで５：５、個室マッサージ（非本番）で４：６ということでした。

（Ｑ）基本給はありますか？

（会場から）指名制度で指名の数で決まります。中には保証金として最初の三〜六ヵ月は三日間客が全然入らなくて客がつかなかったら五千円貰える店があります。店が儲からないのに出すと良心的に思えますし、また指名取れなかったらブスだから自分が悪いと自分を責めてしまい理不尽さに気付きにくい。

（Ｑ）よく稼ぐ人がたくさん残ってくれる定着率を考えると、健康保険の問題や法人化するとかの方向で経営者が動くことは考えられますか？

（Ａ）全ての経営者が、定着率が高い人の方がいいと思っているとは限りません。法人化しているところはありますが、女性は「日雇い」という雇用形態になっているとのことでした。

女性が風俗店で働く理由として以下の五つの理由が考えられます。

①犯罪組織に巻き込まれない。

②店が警察に検挙されても、女性は調書だけで終わる。

③部屋で客から暴力を振るわれてもすぐに誰かに助けてもらえる。
④自分で客を見つける必要がない。
⑤ホテルまで移動する必要がない。

非「本番」産業は、「素人女性との擬似恋愛」を売りに増加しているようですが、実際はそうでない場合が多いと言われています。非「本番」産業で働く女性の平均年齢はかなり低く二十二、三歳で、七割が「無職女性」で、主婦、学生、会社員は三割程度と言われています。

風俗情報誌や風俗求人誌などがコンビニで販売されるにともなって、主婦、学生、会社員が参入してきたといわれています。また、ピンクサロン（以前は「本番」が行われていた）やソープランドのような風俗店は、店の規律が厳しい（罰金制度、礼儀作法など）、年齢が高い人がいて世代が合わない、忙しい割には儲けが少ない、暇すぎる等の理由があるため、情報通の都会の若い世代の女性が、アルバイト感覚で参入するのは時間の問題だったと言えます。

また、ある四、五十代の社長は、従業員や店長のような二十六歳前後の若い世代はコンビニの店長であるかのように、「僕は風俗店の店長やってる」と平気で人前で言えるので、昔の世代とは全く価値観が違ってきていると言っていました。

大抵、女性はより良い労働条件を求めて、複数の職種や店を転々とすることが多く、そのため店の女性は半年から二年で入れ替わります。非「本番」産業の場合、若い世代の女性が多く参入し、出勤が不規則で長続きしないため、四、五十代の経営者は、かつてのような罰金制度や厳しい礼儀作法を女性に求めないようになってきています。店側は、求人には困らないが長続きさせるのは困難と言います。そして本当にお金に困っている人、例えば、借金の返済に困っている人はよく働くし、長続きするということでした。近年はカードローンの返済に困る若い人が増え、サラ金を利用してさらに借金が増え、自己破産するという人も出てきており、そのため風俗で働き始める人もいると言います。

出勤は、週二日、あるいは週六日と言う具合に定期的に働き続ける人もいれば、一ヵ月毎に出勤したい日を前もって提出し、出勤する場合もあります。

女性はほとんどの場合、風俗を二、三年で辞める人が多いと言われていますが、これまでに私が行った調査から察すると、大まかに言って、二十歳前後から働き始めて二十五歳前後で辞めるケースと、二十五歳から三十歳くらいの間に働き始めて継続するケースにある程度分類できます。この区切りが物語っているのは、二十代前半で風俗を辞める人は、結婚、出産、就職（学生の場合）などを契機に辞める人が多いと考えられます。

また、二十代後半あるいは三十代前半から始めて、あるいは再び風俗に参入する場合には、失業、転職（会社員の場合）、離婚がきっかけで、子どもの養育費や家計補助のために、長く風俗で生活していくことを覚悟に始める人が多いと考えられます。このように、なんらかの人生の転換期に風俗に参入し、離れる場合が多いと考えられます。そのような意味において、風俗産業は、生活の手段、生活向上の手段となっています。この他、ある無職の女性の「ホテトルで週三日働いて、月四〇万円貰えればそれだけで満足だから、それ以上いらない」という言葉から、風俗は女性にとって自己が期待するライフスタイルを維持するための手段としても存在していると言えます。

将来的に風俗産業を担う若い世代が、何か内部から変革していく原動力になるという気もしますが、厳しいかなとも思います。

二十六歳の若い店長に、このまま風俗やっていく気があるかと尋ねたら、「一時的にやってる」と言っていました。この店長の母親は、息子が風俗で働いていることを知っているらしく、いつも新聞を見て店が摘発されていないか確認しているという話を聞いています。彼らの名刺は風俗店の名前でなく偽名で、何々会館等としている人が多く、これは社会的に自分のやっている仕事が何か後ろめたいものだと思っているからだろうと思います。

成功している経営者もいますが、その人たちでさえ、風俗産業ということで差別を受けるから偽名を使っていると言っています。また、ある経営者は、結婚する時に相手の女性の親戚から白い目で見られるから、と一旦風俗を辞めたけれど、離婚して又風俗に戻ったという例があります。

また成功している人に、何か他の業種をやってみたいとは思わないかと聞くと、これしか知らないし、子どももいるし、年だし、安定した生活が欲しいと言っていました。

（Q）風俗嬢の場合は身内に知られるのを嫌がる人が多いと思いますが、経営者も同じですか？

（A）ある経営者によれば、子どもたちはお父さんは風俗産業で稼いだお金で生活しているという意識で、そういう仕事は辞めて欲しいが、養ってもらっているから仕方ないと思っているということでした。

（Q）風俗産業では経営者も働く人たちも後ろめたさを感じている。その後ろめたさが金になるのでは？　後ろめたさがなくなれば、人は金を払うのかと思うのですが。

（会場からA）経営者と風俗嬢の後ろめたさは、全然別だと思います。風俗嬢の後ろめたさはテーマが別で、セックスというものが後ろめたくなくなると客が来るか、という質問ですか？

今の風俗産業は生き残りのためにいろいろなサービスを開発してきています。新製品として開発され、メディアがそれを宣伝して、客が来る。満足していても新しいものが出てくると、今までの満足が物足りなくなってくる。風俗産業はそうして回転していると思います。

5　風俗で働く女性の問題にどのように取り組むべきか？

私自身どういうふうに取り組みたいかと捉えてください。

風俗で働く女性の中には、借金返済や子どものために、辞めたくても辞められないという人もいれば、辞めたいけれど、一度定着した生活水準に慣れてしまって辞められない人もいます。ホテトルで週三日働いて月四〇万円の生活がある程度安定すれば、私みたいに一〇数万円の生活水準に落とせるかと言えば、なかなかできないと思います。これは風俗だけの話ではなく一般に言えることです。

しかし、中には、風俗の仕事を安定した生活の手段あるいは生活向上の手段だけでなく、風俗の仕事を、自分に向いている仕事、つまり一つの職業として選択し、ライフワークとして位置付けている人々もわずかですがいます。最初、風俗の仕事は嫌だったけれども、だんだんやっていくうちに、もしかしたら自分に向いているかもしれないと、自分なりのスタイルというか、プロとしてのスタイルを築き上げていく人もいます。しかし、風俗で働いていることや、風俗の仕事をライフワークとして捉えることが、現在の風俗産業や労働条件に対して、当事者が何の不満も抱いていないということを意味しているわけではありません。働いている人の中には、売春や風俗の仕事に対して否定的な価値観を持っている人も少なくありませんが、こうした人々の中には「それでも自分には向いていると思う」とか、「他人に自分の仕事について何か言われるのは心外だ」という人もいます。

ゆえに、風俗産業の問題は、風俗で働いているか否かに関わらず、また、風俗という仕事をライフワークとして選択しているか否かに関わらず、さらに、風俗の仕事に対して個人的価値観が否定的か肯定的かに関わらず、まず女性の仕事を労働としてとらえる必要があります（女性たちは、仕事としてのセックスとプライベートのセックスとを区別しています。ＳＭ関係の人の中には、趣味から入っている人が多くいると言われますが、それでも趣味に走ってお金儲けにならないと悩むわけですから、仕事と認識していると思います）。

そのためには、風俗の仕事を性的なものとみなさない「脱性化」することで、女性の視点から風俗の仕事を価値あるものとして考えていかなければ、風俗産業社会の問題に取り組むことはできないと思います。

従来のように、売春の是非を議論したり、売春の原因を議論しても、風俗で働く女性の問題は一向に解決されないのではないでしょうか。

（Ｑ）妊娠についての話は聞かれました？

（Ａ）ホテトルの方でしたが、コンドームが破れて、お客さんが妊娠してたらいけないと住所と電話番号、名前を教えてくれ、後で妊娠がわかり連絡したら、中絶費用を出してくれたと話していました。しかし、これはきわめて例外です。多くの人はピルを飲んでいます。

第十回横浜エイズ国際会議で母子感染の問題が取り上げられ、コンドームを使わない生殖のためのセックスでは性病が防げない、どうしようもない状態にぶちあたっている、ということでした。

エンパワーメントの意味を考える

——「被害者」・「堕落者」の視点からの脱却

鬼塚・チェイス・円

はじめに

エンパワーメントについてお話させていただく前に、あなた自身のことについて考えて、メモして下さい。何かあった時、自分に力がなく何もできなくなったことがありますか？もしあれば、どういうことがあって、後で何をしたのかを考えて下さい。もうひとつは、周りにいる人から、あなたには問題を解決する力がないと思われたことがありますか？その時はどういう気持ちがしましたか？　そして、あなたも周りの人と同じ気持ちだったのかどうか？　その時あなたはどうしたのか？　なぜそういうようにあなたは動いたのか？　ちょっと考えてみて下さい。

このシリーズは、今まで、国内のことについてでしたが、私はタイの性産業について話をします。私は三ヵ月間タイでいろいろなＮＧＯの人と話をしました。直接セックスワーカーと関わっていた人や性産業に入らないように女性と活動している人、性産業から抜け出したい人を手助けしている人たちに会いました。また難民の人と話もしましたし、四人のセックスワーカーにインタビューすることができました。

1　タイのＮＧＯ「エンパワー」を訪ねて

最初に「エンパワー」というＮＧＯについてお話したいと思います。「エンパワー」はバンコクとチェンマイにありますが、私はチェンマイの人と話をしました。エンパワーは、タイの女性たちが、性産業で働くタイの女性に英語を教えることから活動を始めました。それは外国人の多いパッポンにあるバーで働く人たちの希望に応えたものです。エンパワーは、今では大きくなり、チェンマイにも事務所を持ち、外国から来ている女性にはタイ語を教えたり、数学、洋裁など女性のニーズに合わせた活動をしています。エンパワーの目的は、酷い状態に置かれている人たちにできるだけ自分で生活管理ができるように、また自分に自信が持てるようにすることです。そのためには、まずエンパワーの存在を知らせるために、外に出られない売春宿の女性にどうやって関わるかが問題でした。客のふりをした男性を送り込みましたが、これは女性に信用されず、失敗しました。そこで、自分たちで行くしかないと、オーナーに仕事のプラスになるから英語を教えると説明し、信頼関係を作っていきました。しかし一番酷い売春宿にはまだ行けないとの話でした。

エンパワーにはボランティアと専従者とがいます。働いて二年目の人とゴーゴーバーに行ったとき、そこで働いている女性たちから彼女が「エンパワー、エンパワー」と呼ばれ尊敬されているのがよくわかりました。その中の一人が、エンパワーの人はこうしなさいと指導するのでなく、「あなたには何が必要か」と聞いてくれるので自分で決められるのがいいと言っていました。はじめは、ほとんどの人が家族に送るお金のためにこの仕事をしているのに、「私は悪いことをしている」とか「私は汚い」などと思っていて、自分に誇りを持っていませんでした。エンパワーと関わって一年くらいで、自分は悪くないと自分を受け入れられようになったとのことです。自分の生活・人生を自分でコントロールできるようにするのがエンパワーの目的です。

エンパワーは売春から抜けるための教育をすることはありません。売春をやめさせることが目的だったら、売春自体が悪いことになるので、売春をやめさせることを目的としないのです。四年間チェンマイのエンパワーで働いているオーストラリアの女性と話したとき、この女性は、売春をしている女性から「私は悪いことしていると思う?」、「私は汚いと思う?」と質問されたときに、「あなたが悪いとは思わない。売春することが悪いのではなく、搾取が悪い」と答えてたと言ってました。セックスワーカーがセックスワークに関する国際会議に参加し、そこでフェミニストやいろいろな人から、セックスワークは女性の地位向上にとってマイナスであるという話を聞いてすごく落ち込み、長期的なカウンセリングを必要としたといいます。日常の関わりの中で自分のことは自分で決める能力が誰にでもあることを認めて、相手と関わることで、相手に対する尊敬が態度に出てくるのだと思います。

2　さまざまな活動 ―インタビューを通して

最初、エンパワーの人に、売春している人にインタビューしたいと言いましたが、それはあなたのためになるだけで彼女のためには何もならない、まして彼女の気持ちの整理されていないことに対する質問になるかもしれないし、後で彼女を悩ますことになるかもしれないと言われました。しかし、その後、ラノーンに行った時、売春婦として働く二人の女性をエンパワーの人が紹介してくれました。二人の女性は、仕事に入るまでの約三〇分間、インタビューを受けてくれました。

一人の人は、誰かに一緒にレストランで働かないかと声をかけられ、ビルマからラノーンの売春宿に連れてこられたということでした。そこで一緒にきた人は消えてしまい、奥から出てきた人に、一〇万バーツであなたを買ったからここで働くように言われ、拒否すると延長コードのようなもので何度も殴られたそうです。それで彼女は、仕方なくそこで働くことになりました。今はそこから逃げて、一人は漁業をしている人と結婚しています。もう一人はギャンブルでお金をなくした人でした。彼女は、建設現場の仕事をしても不法滞在者であるためお金を貰える保証もないということで、自分で売春をしているとのことです。ラノーンはバイクのタクシーが多く、バイクの運転手がヒモとなって、お客を連れてくるそうです。そのような形は、売春としては一番いいようです。

売春から抜け出したいが、今のところやめられないと話してくれた女性もいました。彼女は、子どもが二人いました。借金を抱え、夫は漁業の仕事でビルマ領域に入り服役中でいつ帰ってくるかわからないということでした。彼女には一時間ほどインタビューできましたが、話しているうちに、最後の方で彼女は泣き出してしまいました。私は話を聞き収穫があったけれど、彼女のために何もできないことを痛感し、辛い思いをしました。エンパワーとは何か考えさせられました。

メーサイにあるカラオケにも行きました。タイのカラオケは前がカラオケで後ろは売春宿になっています。この街のクリニックはエイズの教育を積極的に行っており、週一回売春宿に行って、ワークショップをしています。ワークショップでは、みんなでゲームをします。歌が止んだ時にボールを持っている人が性病についての質問に答えるというゲームです。

ドーター・エデュケーション・プロジェクト（ＤＥＰ　娘たちの教育プロジェクト）では学校を建てています。そこには、八歳から十六歳の女の子が全国で約三〇〇人います。私が訪ねた学校は一〇〇人くらいでした。ここには日本からの援助金があるようです。ＤＥＰは最近学校にきていない子どもの家庭を訪問し、経済的理由で働かそうとしているのなら、そのお金を出すからＤＥＰの学校に入れて欲しいと話します。親の了解が得られた子どもは、学校で一般教養と職業訓練を受けます。その結果、アナウンサーや新聞記者になる人もいますが、売春をする人もいます。私が訪ねた学校は全寮制で、ほとんどの子どもは山岳民族出身なので寮もその家に似た形でした。

3　タイで働くビルマの女性たち

私は、タイの性産業の中でも一番搾取されやすい状況にいるビルマ女性のセックスワーカーについて調べたいと思っていましたので、ビルマの人のことでエンパワーの人に質問しました。若い人が買春の対象となっていると思っていたので、彼女たちが年をとるとどうなっているのか、売春をやめた人はどんな仕事で収入を得ているのか聞きました。彼女たちのほとんどがエイズで死ぬので、年をとるまで生きている人は少ないということでした。また、一度売春をやめても性産業に戻って働く人が多いとのことでした。ビルマに帰る人もいますが、ビルマに帰ってどうしているかはわからないということでした。ビルマに帰っても問題が解決されていないので、またタイに戻ってくる人がかなりいるそうです。

今、ビルマは軍事政権によって支配されているため、国内はめちゃくちゃで、強制移住、強制労働、無差別虐殺などがいろいろな所で行なわれています。特に、少数民族が住んでいる地域はそういう被害に遭いやすく、最低レベルの生活をすることさえ、とても難しい状況にあります。強制労働では道路や建物建設に一般の人がかり出されています。軍事政権の武器を山の中で運ぶポーターの仕事も一般の人がやらされています。戦場ではたくさん地雷が埋っているので、先にポーターを歩かせています。インタビューしたビルマの女性は、軍事政権の軍隊が村に入ってきて、家を焼き鉄砲をバンバン撃つので逃げるしかなかったと話してくれました。ビルマの街に逃げた後、村に戻って家を建て直し生活を始めた途端、また兵士がきて同じことをしたので、タイの難民キャンプにきたと言ってました。

タイにきているビルマ人は、戦うため、政治的活動のため、お金を稼ぐためといろいろな目的を持っていますが、性産業に入っている人は、強制的に連れてこられた人もいれば、自分で選択してくる人もいます。タイ南部のラノーンの街は強制売春で有名ですが、一九九一年に二つの事件が起こりました。一つは、性産業で働いていた人が抜け出して役所に行き、扱われ方がひどいと訴えましたが店に戻され、再度逃げ出したときには役所前で殺されていたという事件です。もう一つは、売春宿が火災にあい、ガレキの中から手首をチェーンでベットに縛りつけられ逃げられない女性が数人出てきたというものです。

これらはメディアでも取り上げられ、ラノーンは酷い場所だから状況を良くしようという動きがあり、政治的レベルでは意識が高まりましたが、反対に売春の管理は強められました。当時はクリニックの人が売春宿に入れるようになり医療活動を始めた頃でしたが、メディアで取り上げられてからは、売春が地下組織となり連絡が取れなくなりました。これからコネクションを作ろうとしているところでした。このようにメディアは意識を高めるためにはプラスになりますが、このような悪い影響もあります。

タイの性産業はどこの国でもそうですが、金持ちが行く高級な所は状況は比較的いいです。ビルマ女性の多くは不法難民の形でタイに入ってきています。ですので、ビルマの女性たちは、条件のいいホテルなどのコールガールの仕事にはつけなくて、生活まで管理された一番搾取されやすいところで働いています。自分の意志なのか強制売春なのか議論のあるところですが、どちらにしても借金返済のための売春です。

レストランでの仕事やメイドの仕事をしないかと声かけられ、家族のために働くつもりが売春宿に連れて行かれ、そこのオーナーにあなたのために一〇万バーツ払ったからそれを働いて返すまでここから出られないと言われます。自主売春で借金ができるのは、服や化粧品が必要と言われ、借金で買わされその利息が二〇％～五〇〇％と高く借金が増えるようになっています。

本で知ったことですが、一ヵ月売春宿で働いて給料日にオーナーが、いまお金がないから後五日間働いてくれたらその分も支払うと言われると、自分の支払予定分が借金となり、その上、その利息が高いのです。変な話ですが、そのようにして借金が増える仕組みになっています。遅刻は一分についていくらと罰金規定があるし、客一人三〇分というルールで、五分オーバーすると女性が罰金を支払うとか、いろいろなルールをオーナーが勝手に作り、罰金の形で借金が増えるようになっています。生活状況もコントロールされていて売春宿から出られないようになっています。服をはじめ、必要なものは出入り業者から買うようになっていて、外に出てはいけないことも知らなかったけれど、「エンパワー」の人に英語を教えて貰いに行く時になって初めて、オーナーから「外に出ては行けない」と言われ、そのことを知った人もいます。

彼女たちは、衛生も悪くねずみや蚊がいっぱいいて汚く、自分の寝る所で仕事をしています。労働条件も悪く、週末には二〇～三〇人を相手し、それも一人三〇分以内というルールがあるところもあります。お客を拒否する権利はないし、オーナーの知り合いに外に連れ出されることもあり、外で殺されたり暴力を受けることや輪姦されることもあります。そんな時でも警察には行けません。健康面では性病やエイズの危険性も高く、病気になることも多いです。病院に行く時は仕事ができないからとオーナーが罰金を取ったり、薬をくれても何の薬かわからない。またオーナーによっては強制的に二週間ごとや一ヵ月ごとに病院に行かせて、説明もなく薬や注射をされています。NGOの人に話した人で、注射をしているからエイズにはならないと思っている女性がいましたが、それは避妊の注射で、本人には何の説明もありませんでした。

借金についても自分でお金の管理をしようにもいろいろ罰金があって、計算のしようがなくオーナーに言われるまでわからないという状況です。よくあることでは、借金を返したからとオーナーが他のオーナーに本人を売れば、また、そこで新しい借金をかかえるようになっているというものです。警察は売春宿と関わっていて、女性が逃げると捕まえてオーナーに渡すか、不法難民として帰国させるか、刑務所に入れオーナーに連絡するかです。オーナーが払った保釈金も女性の借金になります。タイで売春は違法なので、建前上警察は定期的に売春宿に行き、女性を逮捕します。その女性の保釈金も借金になります。

私がタイに行ったのは九五年ですが、去年もあまり変わっていませんでした。ビルマの状況はどんどん悪くなっていて、はじめの頃は騙されて強制的に売春宿に売られていましたが、今では自分から性産業を選んでいます。しかし、性産業の酷い状況は伝わっていないので、性的サービスとは奇麗な服を着て男性と歌を歌うことだと思っている人もいます。ビルマの女性は人身売買されていて、ビルマの南はバマー族、北はシャン族の人が多く、ラングーンやマンドレイ等の都会でも田舎の方の人が多いです。

このようにタイにおける買売春問題は、女性が置かれている状況の劣悪さという点では日本で働く日本人の売春女性の状況とはずいぶん異なります。しかし、これが現実であるからこそ、現実から出発した取り組みが必要だと思います。

4　おわりに

私は、四年前から人身売買に関する買春や売春のことに関心を持ってきました。はじめの頃、売春は性的奴隷だと考えていて、買売春はなくした方がいいと考えていました。しかし、タイに行き、いろいろな人と接することで、それでは単純すぎると思うようになりました。ただ、搾取のところで問題はあると思っています。

私は、人身売買と売春を切り離して考えていきたいと思っています。人身売買の定義がなかなか作れなくて、売春を考えるとき、売春と人身売買が一緒になってしまいます。売春を人格の売買であるとか人そのものの売買であるというふうに、売春を人身売買と混同して話すことが、セックスワーカーに対するスティグマを強くしている面があります。そこをどうしたらいいか考えています。

最初に戻りますが、あなたは自分に力がないとき何をしましたか。なぜそうしたのかと聞いたのは、私やあなた、そしてビルマの女性も、選択範囲がとても狭くても一応自分で選択して行動しているからです。他人から見ると、全く選択の余地がないとか、全然、力がないように見えるかもしれませんけれど、人は、できるだけ自分にとっていいものを選んで生きているのではないでしょうか。だから、できるだけ選択の幅が広がるようにしたいと思っています。相手がした選択を決して否定せず、尊重すると同時に、選択の幅を広げることが大事だと思います。選択の幅が広がった結果、前とは異なる選択をするかもしれないし、前と同じ選択をするかもしれない。どのような選択であってもどういうふうにエンパワーするのかは、他人が指図すべきことではなく、各自が決めるべきことだ、と私は思います。

執筆者プロフィール

上野千鶴子

1948年生れ　東京大学教授
主な著書に『ナショナリズムとジェンダー』(青土社)『発情装置』(筑摩書房)

宮台真司

1959年生れ　東京都立大学助教授
主な著書に『権力の予期理論』(勁草書房)『制服少女たちの選択』(講談社)

角田由紀子

1942年生れ　弁護士
主な著書に『レイプ・クライシス』(学陽書房)『性の法律学』(有斐閣選書)

藤井誠二

1965年生れ　ノンフィクション・ライター
主な著書に『少年の街』(教育史料出版会)『学校の先生には見えないこと』(ジャパンマシニスト社)『18歳未満「健全育成」計画』(現代人文社)

川畑智子

1966年生れ　東京都立大学大学院博士課程　社会学専攻
主な共著に、『性の商品化ーフェミニズムの主張2』(勁草書房)『売春するニッポン　素人が売春する時代への処方箋!』(宝島社)

鬼塚・チェイス・円

1968年生れ　大阪大学大学院修士課程修了後、英語講師・通訳・ビデオ工房AKAMEを経て、現在、堂本暁子事務所秘書、人権活動家、特に、ビルマ人女性の人権状況について継続的なリサーチ活動を展開している。

本書は、1999年7月発行の『買売春解体新書』の新版です。

■編者

SEXUAL RIGHTS PROJECT

1993年より枚方ではじめた月1回の女子差別撤廃条約の学習会に参加したメンバーを中心に、シスターフッドの会を結成し、1995年に女性学年報第16号に「座談会『ふしだら』という烙印の正体—売春防止法は誰のためのもの？—」を発表する。その後、月1回のペースで、メンバーが入れ替わりながら、おんなの性の問題を中心に意見交換、情報交換をし、会の方向性について模索する。1997年3月には、ロサンゼルスで開催された世界売春会議にメンバー3人で参加。会議参加の経験を生かすため、連続セミナーを企画する。1997年4月より、シスターフッドの会を発展解消させ、新たにSEXUAL RIGHTS PROJECTとして発足、現在に至る。メンバーは、約10人。

新版　買売春解体新書～近代の性規範からいかに抜け出すか

2020年3月15日　第1版発行　定価2400円＋税

編　者　SEXUAL RIGHTS PROJECT

発行所　柘植（つげ）書房新社　東京都文京区白山1-2-10-102

TEL 03-3818-9270　FAX03-3818-9274

郵便振替 00160-4-113372

https://www.tsugeshobo.com

印刷所　創栄図書印刷株式会社

装　幀　市村繁和（i-Media）

乱丁・落丁はお取り替えいたします。　ISBN978-4-8068-0736-0